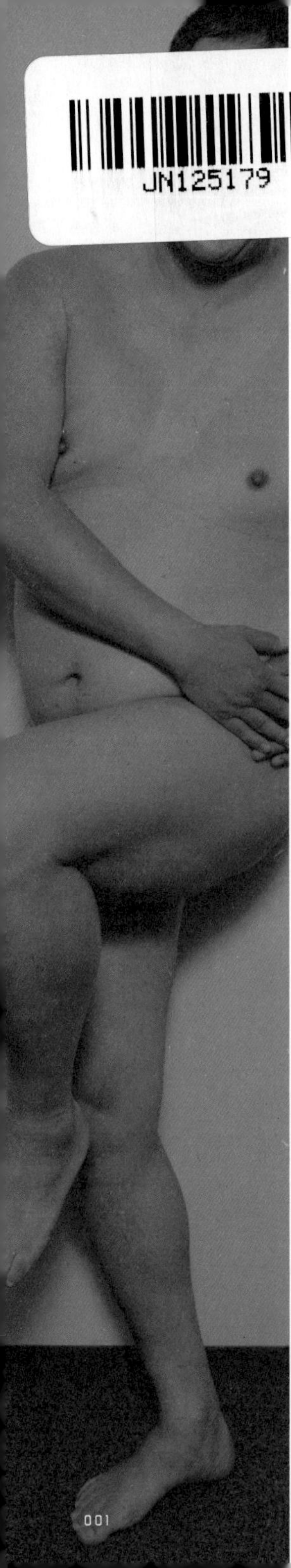

AMINOGE Nº 138

Cover PHOTO:
Takeshi Yamauchi

※連載『TARZAN BY TARZAN』は、ターザン山本が安納サオリのことで頭がいっぱいになり休載します。

SIXTH ANNUAL PITT
JAZZ SEMINAR

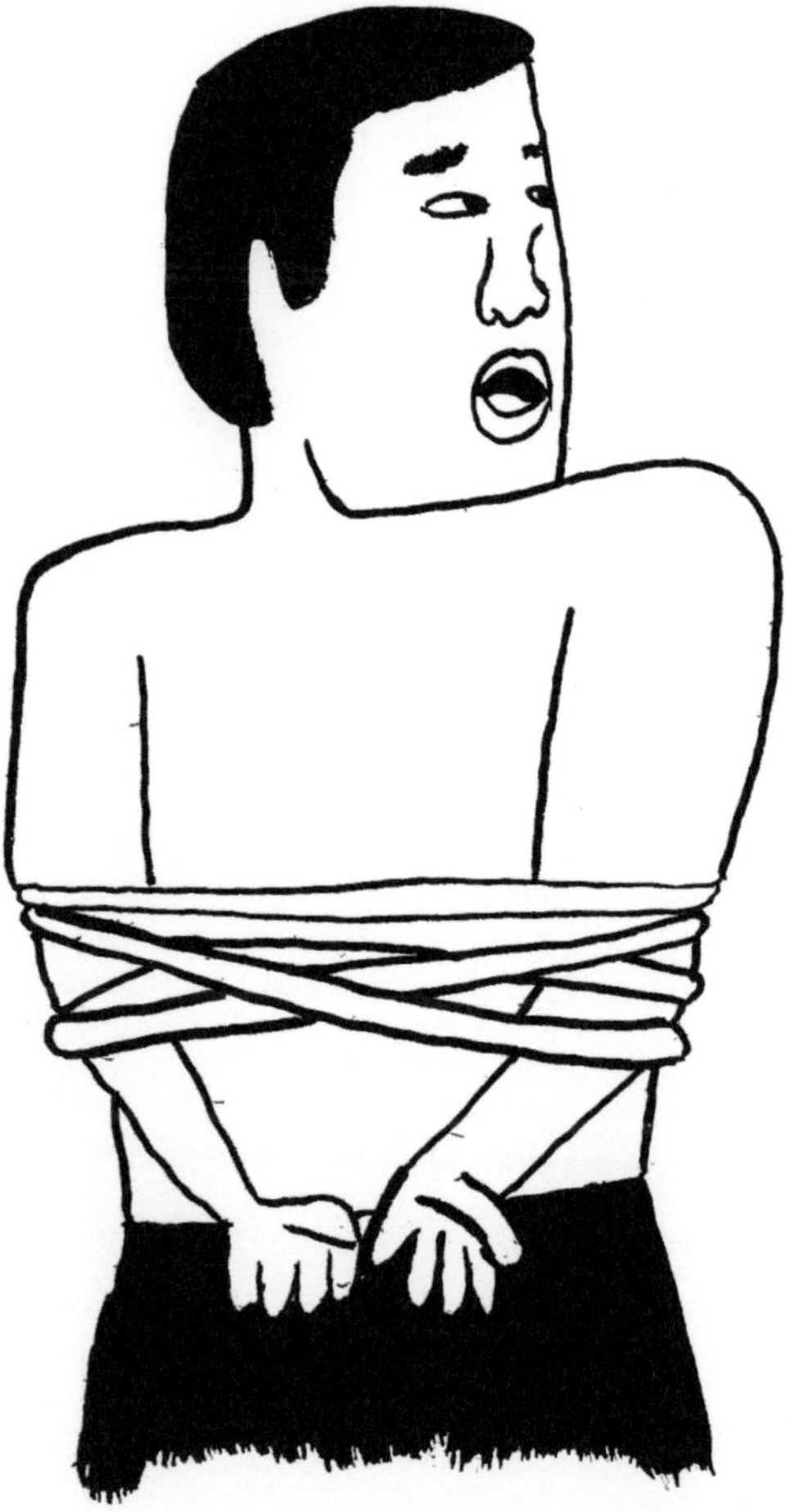

PETIT KASHIMA

俺の人生にも、一度くらい幸せなコラムがあってもいい。

VOL.137

『ムツゴロウとゆかいな仲間たち』の正体とは?

プチ鹿島

プチ鹿島(ぷち・かしま)1970年5月23日生まれ。芸人。『ヤラセと情熱 水曜スペシャル「川口浩探検隊」の真実』(双葉社)、発売後から大好評です。

動物研究家で作家の畑正憲さんが亡くなった。「ムツゴロウさん」としてテレビでも親しまれていた。呼称に「〜さん」が入っているのは、お坊さん、おすもうさん、ムツゴロウさんである。人びとの親しみを集める一方で畏怖の念もある。とくにおすもうさんとムツゴロウさんは似ていると思う。街で見かけたら人を柔和にさせる雰囲気がある。でもいざとなったら……という想像も働くからである。

追悼番組ではライオンと「触れ合う」様子が流れた。柵の中にふらっと入るムツゴロウさんにライオンは飛びかかり、倒して寝技に持ち込もうとする。最悪の状況が思わず浮かぶ。ムツゴロウさんは倒れまいと身体をひねり、逆にライオンの上になろうとする。まさに〝攻防〟である。画面にナレーションがかぶさる。

「ライオンとのスキンシップはおよそ30分続きました」

どう見てもスキンシップに見えない。ようやくライオンと離れたムツゴロウさんはカメラの前で肩で息をしながら笑顔でこう言うのだ。

「いやー、ちょっと危険を感じましたねぇ。いいですねぇ、これがなんとも言えないんです。なぜかというとね、(こういう場では)金も地位も名誉も全然役に立たないんです。役に立つのは経験と今まで生きてきた情熱と魂だけなんですね」

我々視聴者はとても良い言葉を聞いたように思う。しかしふと気づくのだ。「そんな状況は普通はない」ことに。他にもアナコンダやワニなどと想像を絶する「触れ合い」の場面が次々に出てきた。次第に〝こちらに近づいてくるムツゴロウさん〟という動物側の視点になっている自分に気づく。

でもここにムツゴロウさんとは何か? のヒントがありそうな気がした。単にムツゴロウの狂気がヤバいというおもしろがり方ではなく、もっと本質的なものに。調べてみると『文春オンライン』が2年前に本人インタ

ビューをしていた。これが参考になった。

まずフジテレビが1980年に『ムツゴロウとゆかいな仲間たち』をやろうとしたきっかけは、畑正憲氏とフジテレビの日枝久氏が新橋で食事をしていた時に「誰も行ったことがないような場所へ行って、思う存分動物と触れ合いたい」と畑氏が提案したという。すると日枝氏はいきなり立ち上がって「畑さん、それやりましょう」と盛り上がった。

《僕のすべてをぶつけます、手加減しませんよ」と宣言はしていたんですけど、番組スタッフの方には「大丈夫？　野生動物だから一歩間違えたら死んじゃうよ」ってずいぶん心配されましたね（笑）》（畑正憲）

小学生の私はあの番組を「動物王国の温かい生活」という目線で観ていたが、基本コンセプトは動物との危険な触れ合いだったのだ。それにしても畑正憲氏はなんでそんな危険なことをやろうと思ったのだろう？

動物の専門家としての探究心はあるだろう。一方で私が気になったのはムツゴロウさんのギャンブラー体質だ。麻雀や競馬好きというのはよく知られた話である。むしろそっちの顔こそ「畑正憲」としての実像なんだろうとなんとなく感じていた。インタビューではギャンブルの魅力も語っていた。

《僕は、どうなるかわからない命懸けの瞬間が好きなんですよ。たとえば競馬なら10万円くらいの馬券を買って、胸のポケットに入れてレースを見るんです。その馬が勝って500万円くらいになれば、もうしばらく競馬ができる。それを考えたら、頭がパーっとなるんですよ。（略）競馬の話をすると「いくら勝ったんですか？」と聞く人はよくいるけど、そんなことはどうだっていいんですよ》（畑正憲）

つまり畑氏は金儲けより「どうなるかわからない命懸けの瞬間が好き」なのだ。勝負師と呼べば聞こえはいいが重度の変態と言っていい。普通の人は決してマネしてはいけない行為だ。そう、普通の人はマネしようとすら思わない。だからお茶の間から見てるのがいちばんいい。その究極が「猛獣との触れ合い」であることにも気づく。

もしかしたら畑正憲氏はテレビで成功するには「誰もマネできないことを見せつける」ことを知っていたのではないだろうか？　昭和のお茶の間という安全圏から人々は何を見たいのかということをわかっていたのではないか？

それは同時に本人もたまらないギャンブルでもあった。競馬で大金を賭ける以上に猛獣と触れ合ってみせることは「命懸けの瞬間」だからだ。盛り上がるほどテレビの呼び物にもなる。生還した時のリターンが大きい。そしてその賭けに畑正憲は勝ったのだ。それが『ムツゴロウとゆかいな仲間たち』の正体ではなかったか。「作家・畑正憲」だけでなく「テレビスター・ムツゴロウ」としても大化けしたのである。

そう考えると当時のテレビには似たような猛獣たちがゾロゾロいた。アントニオ猪木、川口浩、ビートたけし……。彼らは大化けし、視聴者に存在感を見せつけていた。皆に共通するのはあんな人は日常にはいないというファンタジー性でもある。そんな猛獣たちがゴールデンタイムに日替わりで出ていたのだから、80年代のテレビはジャングルそのものにも思えてきたのである。

玉袋筋太郎 × タイガー服部

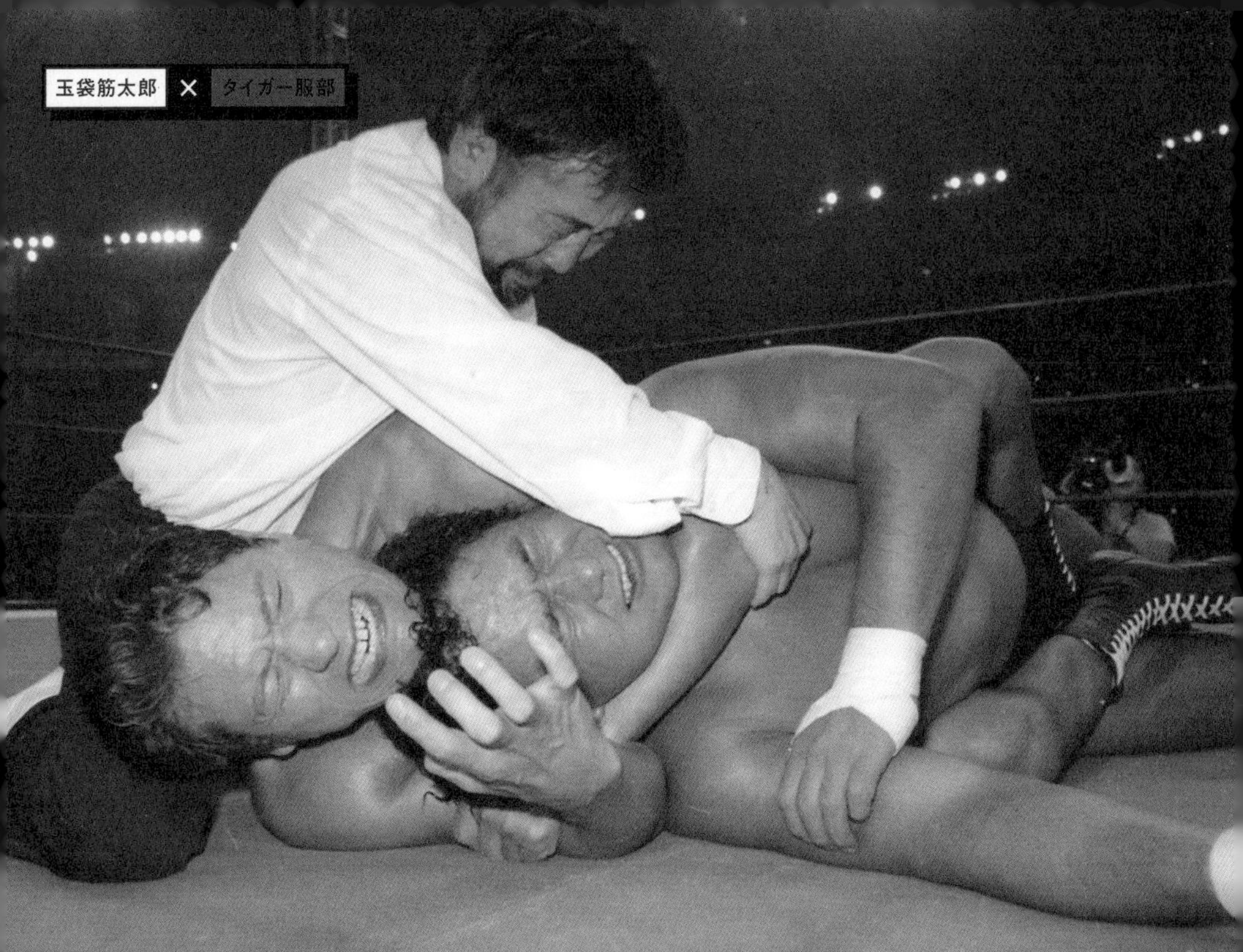

HENTAIZADANKAI

玉袋筋太郎の変態座談会

TAMABUKURO SUJITARO

“Free as a Bird”

TIGER HATTORI

タイガー服部

元気があればなんでもできすぎる!!
レスリング全米王者でケンカも強い
マット界1ダンディなニューヨーカー
猛獣使いの人生が自由奔放すぎる!!

撮影：橋詰大地　試合写真：山内猛　構成：堀江ガンツ

［変態座談会出席者プロフィール］
玉袋筋太郎（1967年・東京都出身の54歳／お笑い芸人／全日本スナック連盟会長）
椎名基樹（1968年・静岡県出身の53歳／構成作家／本誌でコラム連載中）
堀江ガンツ（1973年・栃木県出身の49歳／プロレス・格闘技ライター／変態座談会主宰者）
［スペシャルゲスト］タイガー服部（たいがー・はっとり）
1945年7月20日生まれ、東京都中央区出身。本名・服部正男。元プロレスのレフェリー。明治大学在学時の1966年、全日本レスリング選手権で優勝（グレコローマン・バンタム級）。卒業後に渡米し、コーチ業をしながら選手活動を継続して1971年の全米選手権優勝。その後フロリダのヒロ・マツダ道場でハルク・ホーガンらプロレスラーへの指導を始める。またフロリダ地区で活動していたマサ斎藤、高千穂明久ら日本人選手のマネージャーも務めてプロレス界に足を踏み入れることとなる。1982年に新日本プロレスに入団。1984年には長州力と共にジャパンプロレスの設立に参画。その後、長州とともに新日本に復帰。メインレフェリーとしてだけでなく海外経験を生かして外国人レスラーの招聘にも手腕を発揮する。2002年に新日本を退団するが、その後長州が旗揚げしたWJプロレスにレフェリーとして復帰。WJ崩壊後はフリーの外国人エージェントとしての活動をメインとする（2004年にふたたび新日本にレフェリーとして復帰）。2019年9月28日、新日本ニューヨーク大会でアメリカ最後のレフェリング、2020年2月19日の後楽園ホール大会をもってレフェリーを引退。2023年2月21日、プロレスリング・ノア東京ドーム大会で武藤敬司vs蝶野正洋のレフェリーを急きょ努めてファンからの大歓声を浴びた。

G OF SPORTS

「マサさんは手錠をかけられたときに腕を振り回したら、おまわりさんふたりが吹っ飛んじゃったんだよ」（服部）

ガンツ　玉さん！　前回の下田美馬さんに続き、今回の変態座談会も新日本プロレス事務所での開催です。

玉袋　２号連続でライオンマークの前でやらせていただけるとはね。で、今回はライオンじゃなくて「トラ」だっていう（笑）。

ガンツ　というわけで、今回のゲストはタイガー服部さんに来ていただきました！

玉袋　服部さん、よろしくお願いします！

服部　ＹＯＵはビートたけしの弟子なんだよね？

玉袋　そうなんですよ。

服部　じゃあ、両国国技館の暴動のとき（１９８７年）なんかもいたの？

玉袋　いました！　まだ下っ端だったんで、リングには上がらなかったんですけど。

椎名　リング下から「（ガダルカナル・）タカ、ダンカン、帰れ！」とか野次を飛ばしてたんですよね（笑）。

ガンツ　そこで日頃の鬱憤を晴らして（笑）。

服部　あのとき、（ビッグバン・）ベイダーは俺とマサ（斎藤）さんが連れてきたんだよ。

玉袋　服部さんも関わっていたんですか！

服部　アイツはプロフットボーラーをやっていたでしょ。それでプロレスラーになってまだしょっぱいときに、俺はマサさんと一緒にベイダーとミネアポリスで最初に会ったんだよ。

ガンツ　ルーキー時代にＡＷＡにいたんですよね。

服部　それでマサさんが一度向こうの刑務所に入って出所したとき、猪木さんに「アメリカにこんなデカくて動けるヤツがいましたよ」って教えたら、猪木さんが「絶対に連れてこい」って言ってさ。その頃、ベイダーはアメリカを離れてヨーロッパにいたんだけど、俺がヨーロッパまで探しに行ったよ（笑）。

玉袋　猪木さんが「絶対に連れてこい」って言ってたっていうのがいいな。ベイダーはビートたけしが打倒・猪木のために連れてきたんじゃなかったんだな～（笑）。

服部　マサさんが刑務所に入っているときは、俺も何回か面会に行って。光雄（長州力）とも2回くらい行ってるよ。

玉袋　長州力を「光雄」と呼ぶところがいい！（笑）。

服部　ミネアポリスからその刑務所まで行くのが大変でさ。すごい山の中にあるんだよ。

ガンツ　マサさんが入っていた刑務所って、柵がないかわりに、逃げたところで自力では山から降りられないようなところなんですよね（笑）。

服部　そうそう。だから俺、マサさんに「ここから脱走したら絶対に死ぬよ。あの山は越えられない」って言ったからね。クマかオオカミに喰われるよ。ウィスコンシンかどっかの山の中だから。

ガンツ　マサさんが捕まったのがウィスコンシン州ワカシャという田舎町で。

服部　そこで東洋人が暴れたから、1年半も入れられたんだよ。

椎名　マサさんは本来、ケン・パテラと警察官の乱闘に巻き込まれただけですもんね。

玉袋　人種差別的なこともあったんだろうな。

服部　マサさんは両手に手錠をかけられたとき、「ウォー!」って腕を振り回したら、おまわりさんふたりが吹っ飛んじゃったんだよ（笑）。

椎名　それ、捕らえられたキングコングですよ！（笑）。

服部　それで両手両足に手錠をかけられたらしいから。でも足に手錠がハマらないから、特別な鎖で縛られてね。

玉袋　すげえな〜。マサさんとのつながりっていうのは長いんですよね？

服部　俺がマサさんに初めて会ったのは大学時代だから。俺が明治に入ったときにマサさんが4年で、同じ東京出身だから気にかけてくれてね。

椎名　大学も同じなんですね。

ガンツ　マサさんはレスリングで東京オリンピックに出ていますけど、服部さんも全日本チャンピオンになっているんですよね。

服部　それで1969年にアルゼンチンで開催された世界選手権に行って、4位で優勝はできなかったんだけど、そのまま日本には帰らずにブラジルとか南米を転戦してアメリカに入って、最後にサンフランシスコに着いたらマサさんがリングに上がっていたんだよ。

玉袋　すでにマサさんはプロレスラーになっていたと。

「ニューヨークで柔道を教えながらレスリングの練習も続けてた。それで1971年に全米選手権に出て優勝したんだよ」（服部）

ガンツ　東京プロレスが潰れたあと、マサさんが単身渡米したときですね。

服部　そのとき、マサさんに「しばらくここにいろ」って言ってもらえたから、サンフランシスコに1カ月くらいいたのかな？　で、俺は最初からニューヨークに行くつもりだったんだけど、マサさんの同級生がたまたまニューヨークで柔道の先生をやっていてね。その人はレスリングもやりながら柔道もやっている人で「道場がひとつ空いてるから教えにきてくれ」って言われたんだよ。俺は高校までしかやってないインチキ柔道なんだけど、その頃は三段だったからさ。

椎名　三段ですか⁉　相当なものじゃないですか。

服部　インチキみたいなもんだよ（笑）。それでニューヨークに行ったんだけど、俺が教えていたのはブルックリンの悪いところなんだよ。夜なんか外を歩けないよ。そこは柔道だけじゃなくて空手も教えていたんだけど、そこで一緒に教えていたのが凄い人で、極真空手の四天王に入っていた中村忠さん。

玉袋　中村忠さんですか⁉　『空手バカ一代』の登場人物だよ。

服部　そこで1〜2年柔道を教えながら、ニューヨーク・アスレチッククラブという伝統あるクラブでレスリングの練習も続けて。1971年にフロリダのタンパで全米選手権があったから出場したら、57キロ級で優勝したんだよ。

玉袋　全米優勝ですか⁉　すげー！

服部　だってまわりは弱いじゃん。チビなんかいないんだもん。

椎名　でも全米選手権優勝は凄いですよ。

服部　たまたまだよ（笑）。でさ、当時のフロリダはプロレスが盛んで、アマレスの全米選手権のスポンサーが「チャンピオンシップ・レスリング・フロム・フロリダ」っていうプロレスの会社だったの。

ガンツ　いわゆるNWAフロリダですよね。

服部　そこのボス、エディ・グラハムから「フロリダに残らないか？　息子にレスリングを教えてくれ」って言われてさ。そこにはヒロ・マツダさんもいて、「キミ、何をやってるの？」って聞かれたから「いや、ニューヨークにいるけど何もやってません」って言ったら、マツダさんも誘ってくれてね。べつにニューヨークに戻ってもやることがないしさ、ニューヨークでもどうせ同じことをやってるわけじゃん。

ガンツ　それならフロリダのほうが気候もいいし、これはいいやと（笑）。フロリダに行った人たちはみんな「フロリダは最高だった」って言いますね。

服部　住みやすいじゃん。ニューヨークより家賃が安いし、気候もいいしさ。フロリダってノースのほうから来ている人が多いんだよ。ニューヨークから飛行機で2時間半かな。時差がないじゃん。住みやすいし、女のコも綺麗だしさ。うっかり虜になって10年くらい住んじゃったけど（笑）。

ガンツ　マサさんは「フロリダは女がイージーなのが最高だった」って言っていましたね。

玉袋　気候がそうさせてしまうんだろうな（笑）。

服部　それで「いったんニューヨークに戻って整理してきます」って言って、それでニューヨークから24時間かけてドライブしてタンパに移ってきたんだよ。

ガンツ　アメリカ東海岸の上から下までですよね。

玉袋　すげー。

服部　それでタンパでマツダさんと一緒に『ヒロ・マツダ・レ

スリング&ジュードー・スクール』っていうのを作ったんだよ。

服部 まあ、町道場だよね。俺はインストラクターになったんだけど、そこで出会ったプロレスラーはたくさんいるよ。ディック・スレーター、ポール・オーンドーフ、スティーブ・カーンとか。

椎名 それはプロレスラーも練習に来たんですか？

服部 俺はそういったプロレスラーにアマレスを教えてた。プロレスをやるにしてもベースは必要だからね。そこに習いに来たのが、プロレスラーになる前のハルク・ホーガンだよ。

玉袋 うわっ、そんな時代からホーガンを知っているんですか。

服部 ホーガンは最初、プロレスじゃなくてアマレスを教えてくれってことで来てたんだよ。

ガンツ ホーガンは服部さんの教え子ってことですね（笑）。

服部 アイツがまだ17歳ぐらいだよ。ボディビルをやっていて身体は大きかったけどね。

玉袋 昔はバンドをやっていたって話ですけど。

服部 だからホーガンがやっているバンドもよく聴きに行ってたよ。

椎名 観に行ってたんですか？（笑）。ヘヴィメタルとかですか？

服部 違う。カウボーイ・ミュージック。

椎名 ウエスタンなんだ（笑）。

服部 だから、もともとはボディビルが趣味のバンドマンだったんだけど、「それだけの身体をしてるんだから、バンドよりプロレスやれ」って勧められてレスラーになったんだよ。最初は凄くしょっぱかったけどな（笑）。

「反日感情をひっくり返して、それをビジネスにするってのが凄いよな。タフじゃないとできないよ」（玉袋）

ガンツ 服部さんのレフェリーとしてのデビュー戦って、ハルク・ホーガンvsウィリエム・ルスカなんですよね？

玉袋 えーっ！ ホーガンvsルスカですか!?

服部 そうそう。マイアミとオーランドの間にある小さな街の体育館でね。ルスカもそうだけど、ふたりとも〝ヨカタ〟なんだよ。

椎名 ヨカタ（笑）。

玉袋 ルスカはどういうルートだったんですか？

服部 ルスカは猪木さんと異種格闘技戦をやったあとにプロレスラーになったんだけど、しょっぱいから坂口（征二）さんがフロリダに連れてきたんだよ。

ガンツ プロレスを覚えさせるための海外武者修行として（笑）。

玉袋 でもホーガンvsルスカっていうのは、すげえマッチメイクだな。『レッスルマニア』だよ（笑）。

服部 でもホーガンもまだグリーンボーイだったからさ、ホーガンもしょっぱいし、ルスカもしょっぱい、おまけにレフェリーもしょっぱいから、ひどい試合だったよ（笑）。

玉袋　レフェリーもしょっぱいって、オチをつけるところがいいね（笑）。でもアマレスと柔道のインストラクターだった服部さんがプロレスに関わるきっかけっていうのは、なんだったんですか？

服部　しばらくしたらマサさんがフロリダに転戦してきたんだよ。それでプロレスの会場で会って「おまえ、ここで何してんだ？」って言われてね。

椎名　「プロレスラーじゃないのに、なんでいるんだ？」って思いますよね（笑）。

服部　そうしたら、フロリダでブッカーをやっていたジョニー・バレンタインに「おまえは日本人だし、おもしろいからサイトーのマネージャーやれよ」って言われて、そっからスタートしたんだよ。そのあとテキサスから高千穂（明久＝ザ・グレート・カブキ）さんも来て、マサさんと高千穂さんの凄いチームになってね。

ガンツ　もの凄い売れっ子になったんですよね？

服部　めちゃくちゃ売れた。日本人であれだけ売れたの、ほかにいないんじゃないの？　高千穂さんはレスリングの天才じゃん。身体がやわらかくて、あの人ぐらいバンプが取れる人はいないよ。それでマサさんはゴツゴツしたパワーがあるのにタイミングが絶妙だから最高のチームで、エディが凄いよろこんでたよ。それで俺がマネージャーで、3人でフロリダ各地をずっと回って、ときどきジョージアに行ったり、テキサスに行ったり、ニューヨークに行ったりしてさ。1年365日のうち360日ぐらいブッキングされて、毎日仕事なんだよ。

玉袋　すげー！　毎日飛び回っていたわけですか。

服部　マイアミに行ったり、ジャクソンビルに行ったりするんだけど、毎週水曜日はタンパでテレビ録りがあるんだよ。それで向こうのインタビューは、マネージャーが英語でまくしたてるんだけど、俺の英語はインチキ英語じゃん。俺じゃ無理だと思ったんだけど、エディ・グラハムは「英語が下手だからおもしろいんだ。そのまま話してくれ」って言ってね。

椎名　なるほどね。デタラメな日本語をしゃべる外国人タレントとかおもしろいですもんね。

服部　英語がうますぎると、ロスから来た日系人じゃないかと思われるんだよ。でも、こっちは3人とも生粋の日本人だからさ。

玉袋　そっちのほうが価値があるわけですね。

服部　それでアリーナでは、俺が日の丸の旗を振りながら観客を煽ってね。もの凄かったよ。70年代だからまだ反日感情も残っていて、観客と毎日のように殴り合いのケンカしてたから。試合でも、負けたアメリカ人レスラーがリングで大の字になっているところに日の丸を被せて煽ったりするから、暴動

が起きてアリーナから出られなくなっちゃう。本当に会場に火をつけられたからね。

――命からがら会場をあとにすることも多かったんですか。

服部　3回か4回くらい殺されかけたことあるよ。マサさんに何回も助けられてたよ。ナイフで刺されそうになって「服部！　うしろ気をつけろ！」って（笑）。

玉袋　あぶねー（笑）。

ガンツ　服部さんはちっちゃいから狙われるってことですよね（笑）。

服部　アメリカ人の客が外で大勢待ちかまえていて、袋叩きにされたこともあるしね。一応、場内警備でポリスもいるんだけど、そいつも日本人嫌いだから、見て見ぬふりをするんだよ。それで俺とマサさん、高千穂さんで大立ち回りを演じて、過剰防衛で逮捕されたこともあるしね。裁判所まで行って、罰金を払ってさ。そういう時代だもん。

玉袋　そうやって反日感情をひっくり返して、それをビジネスにしてるって凄いよな〜。タフじゃないとできないよ。その一方でマサさんやカブキさんをはじめ、アメリカで活躍したレスラーはみんな「フロリダが最高だった」って言うんですよね（笑）。

服部　楽しかったもん。毎日お客は満員で、毎日飲みに行って。気候はいいし、食べ物はいいし、いい女もたくさんいるしね（笑）。

ガンツ　長州さんと出会ったのもフロリダなんですよね？

服部　そう。ルスカと同じで、坂口さんが連れてきたんだよ。坂口さんと俺も同じ明治大学で、俺が1年生のときに坂口さんは4年生なんだよ。それで坂口さんが「服部、これ置いていくから頼むよ」って、光雄を置いていって。俺は明治のレスリング部で光雄は専修で、生田のキャンパスが隣同士だから、俺の同級生とか後輩で共通の知り合いが多くてさ、あっという間に意気投合して凄く仲良くなったんだよ。

ガンツ　「正男」「光雄」と呼び合う仲ですもんね（笑）。

服部　光雄がまたフロリダにひたっちゃってさ。「サウスはイージーだ」って。

椎名　長州さんもサウスのイージーな女の虜になって（笑）。

服部　そうしたら「日本に帰らない」って言い出しちゃってさ。

「ゴッチさんは極めるのがうまいけどアマレスなら光雄（長州）のほうが全然強い。だから平気な顔をして道場から出てきたよ」（服部）

ガンツ　当時は長州さんも日本でブレイクできずにくすぶっていたから、開放的なフロリダにいたほうが気持ち的によかったんでしょうね。

玉袋　それを求めて、いま熱海に引っ越したんだろうな（笑）。

ガンツ　もともと長州さんは、フロリダはフロリダでもカール・ゴッチさんのところに行くはずだったんですよね？

服部　そうそう。本当はゴッチさんの道場に光雄を預けることになっていたんだよ。当時、ゴッチさんは個人的にマレンコ兄弟とか何人か弟子がいて、そこに光雄も入るはずだったんだけど、光雄はゴッチさんがやるような練習は手が合わないってことで、マツダさんのほうに来ちゃったんだよ。こっちにはアマレスタイプの選手がいっぱいいて、手が合うってことでさ。そうしたらゴッチさんが北向いちゃって。マツダさんとゴッチさんは仲悪くなかったんだけど、そこからうまくいかなくなったんだよ。

椎名　長州さんのせいでってことですか？

服部　まあ、光雄のせいではないんだけどさ。そのあたりから手が合わなくなっちゃった。

ガンツ　ゴッチさんと長州さんの密室の一戦っていうのもあったんですよね？

服部　あったよ。

玉袋　あれは本当なんですか？

服部　ゴッチさんが光雄を道場に呼んで、ドアに鍵をかけて30分くらい出てこないんだよ。俺はもう死んでるんじゃないかと思ってさ（笑）。そうしたら風呂に入ってたような感じで光雄が出てきたんだよ。「凄いな、コイツ……」と思ってさ。

ガンツ　中でどんなことがおこなわれていたかはわからないけど。

服部　極めっこだったら光雄も敵わなかったと思うんだよ。ゴッチさんは極めるのがうまいから。でもアマレスだったら光雄のほうが全然強いもん。だってオリンピックに行ってるんだよ？

ガンツ　ゴッチさんもオリンピアンですけど、当時は50代で長州さんは20代前半でバリバリですもんね。

服部　だから光雄は、本当に平気な顔をして道場から出てきたよ。

玉袋　すげーなー。

服部　あと、光雄とどっちが先だったか忘れたけど、天龍（源一郎）さんもフロリダにいたな。あの人はおもしろかったよ。あの人ほどアメリカで苦労した人はいないと思うよ。

玉袋　あっ、そうなんですか？

服部　だって基礎の基礎であるバンプから練習していたんだもん。あの人もそれを学ばなきゃいけないってことをわかっているんだよな。ちゃんと下からやってたよ。フロリダでは1週間に1～2試合しかないんだから。

玉袋　トップのマサさんとカブキさんは毎日試合があるのに、駆け出しの天龍さんはせいぜい週に1～2回だったわけか。

服部　それで天龍さんは毎日バンプの練習をしてさ。本当に苦労したよ。それでおもしろいのがさ、同じ時期にタマ（・トンガ）の親父、トンガがいたんだよ。

ガンツ　キング・ハクですね。

服部　トンガもまだ駆け出しでお米（お金）がないからさ、

同じウィークリーマンションに住んでいた天龍さんのところに行って「関取〜！ ごっちゃんです！」って言うんだよ。そうすると天龍さんは自分もお米がないのに「うるせえな、コノヤロー」って言いながら小遣いをあげてたもんな。

玉袋 偉いなー。フロリダまで来ても兄弟子が小遣いを渡すという、相撲界のしきたりがまだ残っていたんだな（笑）。

椎名 それ、引退するまでずっと続けていましたもんね（笑）。

玉袋 服部さんは、桜田（一男＝ケンドー・ナガサキ）さんとは被っていないんですか？

服部 桜田さんも来たよ。あの人はもっとおもしろいよ。ケンカがすげえ強いんだよ。

玉袋 〝ケンカ最強〟って言われますもんね。

服部 タンパに『インペリアル・ラウンジ』っていうレスラー御用達のバーがあるんだけど、そこの客はみんなカウボーイとかレッドネックじゃん。気性が荒いのも多いからさ、そこで桜田さんは4人くらい相手にバッカバカやって。

椎名 酒場でアメリカ人4人を相手にしちゃうんですか（笑）。

服部 それをいつも安達（勝治＝ミスター・ヒト）さんが止めてたな。「もう警察が来るから逃げるぞ！」って言って、ふたりでしょっちゅう逃げてたよ。

ガンツ で、その『インペリアル・ラウンジ』が、フロリダに行った日本人レスラーのみなさんの青春のバーなんですよね（笑）。

椎名 当時フロリダに行っていたレスラーに話を聞くと、かならずその話題が出てくるよね（笑）。

服部 日本人だけじゃないよ。エディ・グラハム、ジャック・ブリスコ、ハルク・ホーガンとか、あの頃のレスラーはみんな来ていたんだよ。

玉袋 そういうところに女性ファンも集まるんですよね？

服部 座るところが、こっちはベビーフェイス、こっちはヒールって分かれて、ファンも分かれるんだよ。

玉袋 ヒールのファンの女の子っていうのはいいな〜（笑）。

服部 俺たちはもちろんヒールのほうに座ってね。天龍さんなんか、試合は週に1回しか組まれないのに『インペリアル・ラウンジ』には毎日来てたから（笑）。

ガンツ 天龍さんは以前、「俺は『インペリアル・ラウンジ』で女性を食い散らかしすぎて、〝ドッグ・ジャップ〟って呼ばれてた」って言ってましたからね（笑）。

服部 まあ、毎日楽しかったよ。

「単身アメリカを渡り歩いて向こうにお孫さんが4人もいることも、お母さんが日本から嫁を連れてきたのも凄い（笑）」（椎名）

玉袋 服部さんはそのフロリダに10年間いたんだもんな〜。

椎名 じゃあ、服部さんはレスリングの世界選手権でアルゼ

ンチンに行ったきり、そのままずっと日本には戻らずにアメリカにいたんですか?

服部 そう。南米を転戦してアメリカに入って、サンフランシスコでマサさんに会ったあと、ニューヨークのブルックリンで1年くらい柔道を教えて。全米選手権でフロリダに行ったとき、ヒロ・マツダさんと会って「あっ、ここがいいな」とタンパに住み始めて、プロレスという商売が気に入って、いまに至る感じだよ。

玉袋 すげえな。プロレスラーで海外武者修行に出たまま、アメリカに永住しちゃう人はたまにいるけど、アマチュアレスラーがそのままアメリカでプロレスのレフェリーになっちゃうんだもんな（笑）。

服部 そうしたらウチのおふくろがフロリダまで来たんだよ。

玉袋 そりゃ来ますよ。アルゼンチンに行ったっきり帰ってこなくて、単身アメリカに渡ってフロリダに住んでるなんていったら心配ですよ（笑）。

服部 それで「日本に帰ってきて結婚しなさい」って言われたんだけど、「いや、もうちょっと待ってくれ。まだ嫌だ」って言ってね。そうしたら、またしばらくしてからおふくろがフロリダに来て、今度は女を連れてきたんだよ。

玉袋 女を連れてきたんですか!?（笑）。

服部 お見合い相手みたいなもんだな。それで結婚したんだよ。

玉袋 えーっ!?

服部 血はつながっていないんだけど、ウチの姉さんの旦那の妹なんだよ。だから義兄弟同士で結婚したんだよ。

玉袋 そうだったんですね。

服部 それで俺はいまも勝手なことをやってるけど、子どもがふたりできちゃったからさ。孫が4人いるんだよ。

玉袋 あー、いいですねえ。

椎名 単身アメリカを渡り歩いて、いま向こうにお孫さんが4人もいるって凄いですね。

服部 めちゃくちゃだよ。

玉袋 本当にめちゃくちゃですよ（笑）。

椎名 お母さんも心配して日本から嫁を連れてくるって凄いよね（笑）。

服部 俺がラッキーだったのは、フロリダにいるときに一度ニューヨークに戻ってビザを更新しようと思ったら、その前に切れてたんだよ。だからアメリカ国外に出たらもう戻ってこられない。でもニューヨークでオニツカタイガーのレスリングシューズを販売していた会社がオリンピック・コミッションに関わっていて、俺はニューヨークのレスリングチームにいるときにフロリダの全米選手権でチャンピオンになって表彰もされているから、弁護士を雇ってくれたんだよ。それでUSAオリンピック・コミッションのレターヘッドで「この青年はアメリカの青少年にアマチュアレスリングを教えている。いい教育の材料だから」っていう推薦状を書いてくれて、それをイミグレーションに持って行ったら、2週間くらいで永住権が取れたんだよ。

玉袋 すげえな〜！　国外追放の危機から永住権取得だもんな（笑）。

服部 まあ、ラッキーだったよ（笑）。

椎名 日本からは、お金はいくら持って行ってたんですか？

服部 お金なんていつもなかったよ。フロリダに住んでいた頃は、マイアミエリアにハイスクールが10校くらいあったのかな？　そこを1週間くらい回って、クリニックしてたんだよ。技を教えてね。それに応募する人がいっぱい来るわけ。来るときは高校生や中学生が100人くらい来たよ。

玉袋 レスリングのセミナーですね。

服部 そう、セミナー。そうやってカネを稼いでいたらマサさんがフロリダに来て、エディとジョニー・バレンタインが俺に「マネージャーをやれ」って言ってきて。慣れるまでやっていたレフェリーが、その後の仕事にもなって、いまに至るんだよ。

玉袋 それから日本に戻ってくるきっかけはなんだったんですか？

服部 マサさんと一緒にミネアポリスに行ったときかな。たしか坂口さんが来て「外国人選手のブッキングの仕事をやってくれ」て言われて。それだけじゃなく、「どうせ動けるんだったらレフェリーもやれよ」って言われたからレフェリーをやりだしたんだよ。

ガンツ　服部さんはその前に全日本にも行ってましたよね？

服部　最初は全日本に行ったんだよ。

玉袋　それはどういう流れだったんですか？

服部　テリーとドリーのファンクスが当時、「チャンピオンシップ・レスリング・フロム・フロリダ」の契約選手だったから、『世界最強タッグ決定リーグ戦』の期間中3週間だけ日本に送って、俺も渉外担当ってことで一緒に全日本に行ってね。

玉袋　へぇ～、ファンクスのエージェントは服部さんだったんですか！　ドリーとテリーはどんなタイプの人でした？　テリーはトンパチだって聞きますけど。

服部　ふたりともカウボーイだけど、テリーは本当にグーフィーだよ。

玉袋　グーフィー（笑）。

服部　アイツは計算ができないよ。酒飲んだらめちゃくちゃになるし。まあ、そんなヤツいっぱいいたけどね。バズ・ソイヤーとかさ。

椎名　バズ・ソイヤーは相当狂ってそうですね（笑）。

「光雄は家の壺に現金を入れていて、そこからお札を鷲掴みで若い衆たちに小遣いをやってたからね」（服部）

服部　当時、全日本とフロリダは関係が深かったから、ファンクスのほかにもいろんな選手を送り込んだよ。

椎名　どんな選手を送り込んだんですか？

服部　テッド・デビアスとかリッキー・スティムボート、ディック・スレーターとかね。

ガンツ　80年代の初頭に全日本に来た、若くていい選手はみんな服部さんブッキングじゃないですか！

服部　それだけフロリダにはいい選手が多かったんだよ。

ガンツ　そのフロリダを離れたときから、服部さんは新日本のほうに移ったと。

服部　でも新日本に移るときは馬場さんから凄いヒートを買っちゃってね。俺、馬場さんと元子さん（馬場夫人）には凄くよくしてもらっていたからさ。結局、裏切ることになっちゃって、あれ以来、元子さんは口きいてくれなくなったよ（苦笑）。

ガンツ　それで服部さんは1982年から新日本でレフェリーと外国人ブッカーの仕事を始めるわけですね。

服部　その前から光雄に誘われていたんだけどね。光雄ともそこからずーっと腐れ縁。一緒に新日本を辞めたり、また戻ってきたり。出たり入ったりしながらね（笑）。

玉袋　80年代半ば、人気絶頂の頃の長州さんは公私ともに凄かったんじゃないですか？

服部　凄かったよな。毎晩のように凄い額のお米を切ってたよ。あの頃は光雄とよく六本木に行ったけど、六本木も花の時代じゃん。後楽園ホールで仕事が終わると目で合図してくるからね。「早くすかそうぜ」って（笑）。

玉袋　さっさと切り上げて六本木に行くぞと（笑）。

椎名　〝六本木のインペリアル・ラウンジ〟に（笑）。

服部　だって俺がいつも先にタクシーに乗って光雄を待ってるんだもん。「クルマを停めておいてくれ」って。だから試合後のコメントなんか出さないし、すぐシャワーを浴びて1分で会場を出てきたよ（笑）。

椎名　せっかちですね～（笑）。

服部　それで持ってるカネを全部使ってたからね。一晩で何十万じゃきかないから。宵越しの銭は持たないって感じで使ってたよ。

玉袋　でも、いくら使っても使い切れないくらい稼いでたんでしょうね。

服部　稼いでたんだろうな。若い衆の面倒もよくみてたよ。アイツ、家の壺に現金を入れてて、そこからお札を鷲掴みで小遣いをやってたから。

玉袋　壺にお金が入ってるって、ドラクエだよ！（笑）。

服部　そうやってお米は全部使ってたから、朝になったら一銭も持ってなかったと思うよ。あれがオールドスクールのスタイルなんだよな。天龍さんだってそうじゃない？

ガンツ　天龍さんは飲みに行ったら、その場にいる全員分奢ってたって言いますもんね。

玉袋　アニマル浜口さんはどうだったんですか？

服部　浜口さんは飲むんだけど、浅草中心で、奥さんもちゃんとしている人だからさ。

椎名　バカ騒ぎとかしないんですね。

ガンツ　長州さんは、当時の新倉（史祐）さん、仲野（信市）さんとか、若い衆を連れて行っていたんですよね。

玉袋　ジャパンプロレスの頃か。

椎名　長州力は時代の寵児だったよね。

服部　池尻大橋にジャパンの事務所があったんだよ。あの頃はあそこでいろんなことがあったな。キラー・カーンもあの近くに住んでいてさ。まあ、いろんなことがあったよ。言えるような話ではないけど（笑）。

ガンツ　生々しい話が（笑）。

玉袋　服部さんは、そういうレスラーの素顔をずっと目撃されているわけですもんね。

服部　まあ、いろんな人と知り合ったけど、最後までずっと付き合ってるのは光雄だから。

椎名　引退後、70歳を超えてあんなに売れちゃうなんて凄いですよね。

服部　素晴らしいじゃないの。アイツはキャラクターを持ってるし、頭もいいからさ。

玉袋　そうですよね。

服部　光雄は人生が波瀾万丈じゃん。そりゃおもしろいよ。でも娘がいなかったらもう地獄だったんじゃないの？（笑）。孫だってもうかわいくてしょうがないだろうし。

玉袋　よかったですよね、角が取れて。

ガンツ　でも長州さんに言わせると、「正男の人生は映画になる」ってことですけど（笑）。

服部　アイツほどではないよ（笑）。

玉袋　『光雄と正男』でＮｅｔｆｌｉｘで映画化だな（笑）。

椎名　アルゼンチンから始まるロードムービー（笑）。

服部　光雄ほど波乱万丈なヤツはいないよ。

玉袋　服部さんは長州さんとＷＪプロレスにも行っているじゃないですか。あの団体は鳴り物入りで〝ど真ん中〟って感じで始まりながら、けっこうすぐに終わっちゃいましたよね。

服部　そうだよね。

玉袋　最初のうちは福田（政二）社長が資金をドーンと投入して、旗揚げ前から屋形船で忘年会をやったり、「おおっ、なんか始まったぞ！」って感じがあったんですけど。

椎名　ちょっとしたＳＷＳ感がありましたよね（笑）。

服部　まあ、言い方はよくないかもしれないけど、結局この世界、ヨカタには難しいよ。

玉袋　興行は素人が簡単に手を出せるもんじゃないと。

服部　みんな苦労してるじゃん。菅林（直樹＝現・新日本プロレス会長）なんかも凄く苦労したと思うよ。アイツは自分ではいっさい言わないけどさ。全国各地で興行を打つっていうのは、それは大変なことだよ。

玉袋　そうなんだろうな～。そう考えると50年以上続いて、こんな立派なビルに事務所がある新日本は凄い。

服部　凄いよ。レスラーも社員もがんばっているしね。

ガンツ　服部さんは、80年代後半から90年代は新日本でレフェリーだけじゃなく、いわゆる外国人係もされていたんですよね？

服部　俺はアイツらの保護者だよ。何回、麻布警察署に行ったかわからないよ（笑）。
玉袋　身元引き受け人だよ（笑）。
服部　いまの新日本に来るボーイズ（外国人レスラーたち）は真面目なヤツが多いけど、昔はもうめちゃくちゃ。六本木ですぐケンカしちゃうしね。ロード・ウォリアーズのマイク（・ヘグストランド）とかね。
椎名　ホーク・ウォリアーですね（笑）。
玉袋　米兵とケンカしたって話もありますよね。
服部　憶えてるよ。アメリカの海兵隊と六本木でバッコバコやりあってさ。交差点のクルマが停まっちゃって。
椎名　いまだったら間違いなく報道されていますね（笑）。
玉袋　ホークもそうだけど、あとはテリー・ゴディもひどかったとかね。暴れちゃって。あとは南海龍か（笑）。
服部　ああ、あれもいたな。
玉袋　トンガ系はケンカっ早いというね（笑）。
服部　（キング・）ハクだって凄いよ。ハクはノースカロライナでバーを4つくらい壊してるからね。あれはもう手がつけられなかったよ。
玉袋　キング・ハク最強説があったもんな。
服部　息子たちは親父を反面教師にして真面目だよ（笑）。
ガンツ　トンガ、サモア系はファイティングファミリーが多いですよね。
服部　アイツらは生まれながらにしてレスラーみたいなもんだよ。
ガンツ　メキシコ系のレスリングファミリーだと、エディ・ゲレロなんかも凄かったんですよね？
服部　エディはトンパチだよ。凄いショートテンパー（短気）なんだよ。身体はちっちゃいのに、カーッとなると相手がデカくても誰とでもケンカして、六本木で大立ち回りをやってね。でっかいヤツに突っかかってジャンプして殴りに行ってるんだから。アイツは凄いよ。
玉袋　トンパチだなー（笑）。
椎名　向こうっ気が強いんですね。
服部　アイツは絶対に言うことを聞かないよ。本当にケンカが好きだったんだよ。アイツ、兄弟いなかった？
ガンツ　ゲレロファミリーですね。兄貴のチャボ・ゲレロ、ヘクター・ゲレロ、それと親父のゴリー・ゲレロもレスラーですし。
玉袋　プロレス一家だよな。
服部　いまはエディやホークみたいなのはひとりもいないもんな。みんな優等生だよ。いまはちゃんと型にハマった人生を送ってるんだけど、あの頃の連中は型にハマらないヤツらばかりだったから、おもしろい、ユニークなヤツらばかりだったな。

バンバン・ビガロとかさ。ああいうネジが外れたような、めちゃくちゃなヤツが多かったよ（笑）。

玉袋　バンバン・ビガロはよかったな～。

椎名　浅草キッドは昔、ビガロの炎の全身スーツを着てテレビに出ていましたもんね（笑）。

玉袋　憧れてたからね。ビガロリスペクトだよ。あとエル・ヒガンテな。

ガンツ　筋肉が描かれた全身スーツ（笑）。

「いまの新日本のトップはオカダ・カズチカですけど、90年代のトップは橋本真也だからレスラーの気質がずいぶん違う（笑）」（ガンツ）

服部　ビガロは地元がニュージャージーで、もともと刑務所に入っていたんだよ。

椎名　指名手配犯を捕まえる仕事なんかもしていたんですよね。

玉袋　バウンティハンターだよな。

服部　たしかそれで不法に働いて投獄されて、刑務所を出てからプロレスラーになったんだよ。それで会うたびに紋紋（タトゥー）が増えていってさ、全身はもちろん頭のてっぺんまで彫ってるから「おまえ、なにやってんの？」って。それでいて、アイツはワイフの言うことは「はい！」って正座して聞いてるんだよ（笑）。

玉袋　ビガロの奥さん、つえー（笑）。

服部　プロレスはめちゃくちゃうまくてな、身体がスポンジみたいでケガしないんだ。

玉袋　ゴムまりみたいでしたよね。また、あの巨体でトップロープから飛んじゃうからさ。

服部　でもベイダーには敵わなかったな。あれは策士だからさ（笑）。

玉袋　北尾（光司）がデビューしたばかりの頃、ベイダーとビガロがタッグを組んで、ボコボコにしちゃったことあったよなあ。

ガンツ　あと、ベイダー、ビガロ、スティーブ・ウィリアムスのトリオっていうのもありました。

椎名　いま思うと凄いよね。

服部　スティーブはなにやってるの？

ガンツ　10年ちょっと前に喉頭がんで亡くなりましたね。

服部　ベイダーもビガロも亡くなったでしょ。みんな逝っちゃったんだよな。

ガンツ　当時のトップ選手で健在なのは、スコット・ノートンくらいですかね。

服部　アイツも女房のいいなりだけどな（笑）。

玉袋　レスラーの奥さん、強すぎるよ（笑）。

ガンツ　ボクらぐらいの世代になると、90年代ってそんなに昔に感じないんですけど、新日本は会社の形態もレスラーの形態もだいぶ変わりましたよね（笑）。

椎名　だって六本木の交差点で暴れてたって、いまじゃ考えられないもんね。いい時代というか（笑）。

ガンツ　外国人だけじゃなくて日本人レスラーの気質も変わって。いまの新日本のトップはオカダ・カズチカですけど、当時のトップは橋本真也だから、ずいぶん違いますよ（笑）。

玉袋　オカダと橋本を並べちゃいけない！　オカダ・カズチカは間違っても空気銃で野良猫を撃ったりしないから！（笑）。

ガンツ　橋本真也といえば、服部さんは1999年1・4東京ドームでの橋本vs小川直也のレフェリーもされていましたよね？

服部　やったね。あのときの橋本は言うことを聞かなかったな。

ガンツ　あの試合は、なんであゝいうふうになっちゃったんですかね？

服部　わかんないよ。いや、わかるけど説明できないよ。

ガンツ　いろんな状況が絡まりすぎて（笑）。

玉袋　まあ、新日本の内部がぐちゃぐちゃになっていたっていうもんな。服部さんの長いレフェリー人生で、いちばん忘れられない試合ってなんですか？

服部　いろいろあったけど、もうメモリーが消去されちゃってるよ（笑）。

椎名　HDの不具合で（笑）。

服部　でも忘れられないのは、北朝鮮でやった猪木さんと（リック・）フレアーの試合だな。

玉袋　おー！　猪木vsフレアー！

服部　猪木さんはやっぱり天才じゃん。フレアーもうまいしさ。あのふたりはそれまで試合したことないし、話したことだってほとんどないのに、あんな試合ができるなんてちょっと考えられないよ。

ガンツ　それでプロレスを観たことがない北朝鮮の観客を沸かせちゃうんですもんね。

服部　「この試合なら目をつぶってもレフェリーできるな」と思ったよ。プロレスのお手本みたいな試合だからさ。

玉袋　すげえな～。

服部　猪木さんは、ほかの人ができないことを平気でやるよね。北朝鮮だって新潟から船で行ったんだよ。

玉袋　万景峰号だ（笑）。

服部　俺は3回くらい行ってるよ。

椎名　船で行くしかないんですか？

玉袋　あとは中国から入って行く空路もあるけどな。一団で行くときは船ってことか。

「永島（勝司）さんが『北朝鮮の大会では女子の試合も組みたい』って言っていたんで、ブルちゃんが北斗をメンバーに入れたんだ」（服部）

椎名　じゃあ、健介も北斗もそれに乗って行ったってことなんだ（笑）。

服部　ふたりはあそこでくっついたんだもんな。

椎名　タイタニック号ですね（笑）。

ガンツ　いや、沈んでませんから（笑）。

玉袋　あんときは新日本と女子プロレスが一緒にやるっていう、ある意味で画期的な大会でしたよね。

ガンツ　そういえばそうですね。いま新日本とスターダムが一緒にやるようなものの先駆けというか。

服部　あれはブル（中野）ちゃんがきっかけなんだよ。当時、ブルちゃんがニューヨークにいて、しばらくウチの近くに住んでいたからよく一緒に飲みに行ってたんだよ。それで永島（勝司）さんが「北朝鮮の大会では女子の試合も組みたい」って言っていたんで、俺がブルちゃんに言ったらさ、ブルちゃんが北斗（晶）をメンバーに入れたんだよ。

玉袋　そうだったんですか。

服部　あと豊田（真奈美）さんとかもいたでしょ。みんなブルちゃんが選抜したんだよ。

玉袋　あのとき、猪木vsフレアーの次に沸いたのが女子プロレスの試合だったもんな。
服部　ブルちゃんはいまは何をやってるの？
ガンツ　いまはYouTuberですかね。
服部　光雄と同じようなことしてるんだ。
玉袋　『中野のぶるちゃん』は閉めちゃったもんな。俺たちもよく行ったけど。
ガンツ　あの頃、90年代半ばのニューヨークにはいろんな選手がいておもしろかったみたいですね。新崎人生、西村修、あとは山崎五紀さんなんかもいて。
服部　俺は五紀ちゃんとはいまでもよく会うよ。
椎名　まだニューヨークにいるんですか？
服部　ニュージャージーに引っ越したけど、どっかで店をやってるんじゃないかな。
椎名　服部さんのご自宅もまだニューヨークにあるんですか？
服部　あるある。
玉袋　いまの生活は、日本とニューヨークでどれくらいの割合なんですか？
服部　半々くらいかな。

椎名　マンハッタンに住んでいるんですよね？
服部　うん。
椎名　カッコいいなあ（笑）。
服部　4番街と5番街の間の12丁目。ユニオン・スクエア・パークっていうんだけど。
椎名　やっぱりニューヨークがお好きなんですね。
服部　いや、好きっていうか孫が4人いるんだもん。
玉袋　でも結局、海外のほうが水に合ったっていうことですよね。
服部　それもあったけど、子どもがフロリダで生まれて、まわりは日本人の子どもなんかいないから、このままだと完全にアメリカ人になっちゃうと思ってね。それでニューヨークに行ったんだよ。
ガンツ　人種の坩堝のニューヨークに。
服部　ニューヨークには日本人学校があったからさ。で、そこで育っているから、みんな結婚して孫までできちゃって。
椎名　ニューヨーク・クラムチャウダーってあるじゃないですか。あれって貝が違うんですか？

服部　違う、違う。クラムチャウダーは白いけど、ニューヨーク・クラムチャウダーは白くないんだよ。
椎名　あっ、白くないんですか？
ガンツ　ニューヨーク・クラムチャウダーはトマトベースなんですよね。ミネストローネっぽい感じで。
服部　そうそう。

「こんないいかげんな人生に憧れちゃダメだよ。でもプロレスっていうおもしろい世界に出会ったことで楽しく過ごしてるよ」（服部）

椎名　そうなんだ～。あと、長州さんもマサさんもアメリカンカジュアルでオシャレだなって思うんですけど、それって服部さんの影響なんじゃないですか？
服部　いや、そんなことないよ。だってマサさんはサンフランシスコにずっといたじゃん。
ガンツ　長州さんなんかは音楽の影響を受けたって聞きましたよ。服部さんがアメリカのポピュラーミュージックに詳しくて。
服部　昔の時代だからね。ジャニス・ジョプリンとかさ。俺はいまだにレコードを2メーターくらい棚に入れて持ってるよ。ニュージャージーにいる息子の家にあるんだけど。
椎名　じゃあ、ウッドストックも観に行ったんじゃないですか？（笑）。
服部　ウッドストックには行ってないけど（笑）。タンパ・スタジアムに光雄を連れて行ったことがあるよ。
ガンツ　ウッドストックみたいな野外ビッグイベントが、タンパ・スタジアムでおこなわれてたと。
玉袋　夏フェスの原点だよな。
椎名　それに長州さんを連れて行ったんですか？
服部　何回も連れて行ったことがあるよ。
椎名　長州さんにそういうイメージがないので意外でした。
服部　好きじゃん、あれ。昔は好きじゃなかったんだけど。
玉袋　服部さんに影響されたんだな（笑）。
ガンツ　長州さんは服部さんの影響で、エリック・クラプトンもローリング・ストーンズも聴くようになったっていう。
服部　クラプトンはだいぶ観に行ってるよ。マジソン・スクエア・ガーデンでも観たし、日本でも観た。
玉袋　服部さんか金正日の息子かっていうくらいクラプトンの追っかけをやってんだな（笑）。
ガンツ　でもマジソン・スクエア・ガーデンにコンサートを観に行くって、うらやましいですよね。
玉袋　俺も行きてえよ。ニューヨークに行ったことねえもんな。服部さんの場合、アマレスの世界選手権でアルゼンチンに行ったのがきっかけで、そのままニューヨーカーになっちゃうっていうのが凄い。

服部 フロリダに行って、この商売を始めたのが運命だよ。プロレスって楽しいじゃん。この先、何が起こるかわからないし、みんな大概トンパチだしさ。

ガンツ こんな刺激的で楽しいジャンルはないと。

服部 いろんなヤツと出会えたしね。

ガンツ 服部さんは、オカダ選手とも仲がいいんですよね。

服部 仲いいね。日本にいるときは、いつもアイツが迎えに来てくれて、クルマに乗っけてもらってるよ。オカダとはアイツが16歳のときにメキシコで会ったのが最初だから。

ガンツ オカダ選手が闘龍門メキシコにいたときですね。

服部 「凄い選手がいるな」って思ったよ。それで凄くいいコなんだよ。アイツ、頭がいいじゃん。スマートかどうかっていうのは、学校を出てるかどうかじゃないんだよ。大学を出ても俺みたいなのもいるんだから（笑）。

玉袋 でも普通の大卒ではできない経験をしてるもんな（笑）。

ガンツ アマチュアレスラーで全米を武者修行している人って、服部さんくらいしか聞いたことないですよ（笑）。

服部 武者修行はしてないよ。ただ、試合に出ていただけで。おととい俺と大学で同期のヤツらが6人集まって、函館に1泊旅行したんだよ。

椎名 いいですねー。

服部 50年ぶりに会って楽しかったよ。みんなジジイになってさ（笑）。

椎名 レスリング部ですか？

服部 レスリング部の同級生。もう何人か亡くなってるんだけどさ。みんないい歳の取り方をしてるんだなと思ってね。楽しかったよ。

ガンツ 当時のレスラーはバイタリティが違うんですかね。

玉袋 それも八田イズムなのかな？（笑）。

ガンツ 服部さんの世代は凄い人がたくさんいるんですよね。木口道場の木口宣昭先生とか。

服部 あの人は1個上だよ。木口さんともいろんなところに一緒に行ったよ。ロシア遠征にも行ったし、世界選手権にも行ったし。法政大学で、町田の洋服屋の息子だよ。

椎名 そうなんですか。

ガンツ あとは松浪健四郎さんが1個下でしたっけ？

服部 そう。俺の1個下。あれもよく知ってるよ。

玉袋 いまでは日体大理事長だもんな。

服部 おもしろい男だよ。

ガンツ レスリング人脈はおもしろいですね（笑）。

玉袋 なんか柔道人脈よりもレスリング人脈のほうがおもしれえっていうか、人間っぽい感じがするんだよな。

椎名 それとちょっとアメリカンも入ってきますよね。

服部 今日は馳（浩）と会うんだよ。メシを食うんだ。
玉袋 石川県知事と（笑）。
服部 おもしろいヤツがたくさんいるよ。おかげで俺もこんなジジイになっても楽しく過ごさせてもらってるよ（笑）。
玉袋 いや～、服部さんの自由でバイタリティ溢れる生き様はカッケー！
椎名 憧れますよね（笑）。
服部 憧れちゃダメだよ。こんないいかげんな人生（笑）。でもプロレスっていうおもしろい世界に出会ったことで、楽しく過ごしてるよ。
玉袋 やっぱり『光雄と正男』映画化確定だな！ 服部さん、今日はありがとうございました！

バッファロー吾郎Aの
きむコロ列伝!!
Buffalo GoroA

第138回 ステロイドと左サイドスロー

バッファロー吾郎A

バッファロー吾郎A/本名・木村明浩（きむら・あきひろ）1970年11月24日生まれ/お笑いコンビ『バッファロー吾郎』のツッコミ担当/2008年『キング・オブ・コント』優勝

朝起きると右耳が海水浴で耳に水が残っているような感覚。数時間経っても元に戻らないので近所の耳鼻科に行くと「突発性難聴なので、紹介状を書くから大きい病院で治療をしてください」と言われて焦ってしまう。いま私は別の病気の治療をしているのでそこの主治医と相談して、翌日いま通っている大きな病院の耳鼻科であらためて検査をしてもらうと、やはり突発性難聴でこのまま緊急で1週間入院してくださいと言われて、ビビりながら急いで家に帰って準備をしてブーメランで入院。

いつも入院する病棟と違う階だが、造りは同じ（当たり前か）。夕方からステロイド点滴を開始。ステロイド点滴で徐々に回復するわけではなく1週間の点滴を終えたあたりから変化が現れるようで、そのときに完治の確率は約30％、元に戻らない確率が約30％、さらに悪化するのが約30％と決して高い確率でないのが不安だが、治療開始が早ければ早いほどいいらしい。

ステロイド点滴は1時間ちょっとで終わるので、あとは何もすることがなくベッドでゴロゴロするだけ。ステロイドと聞くとプロレス好きな私は昔のアメリカンプロレスラーの哀しい末路を連想して怖くなってしまうが、お医者さんのもとで正しく使用すれば問題ない。ただ副作用で眠れなくなるときがある。看護師さんからもらった睡眠導入剤を夜に飲んでゴロゴロしていると、ずんの飯尾さんから電話が。入院しているので電話に出られないことをメールで告げるとスグに返信が来た。

「インデペンデンスデイの久保田が亡くなりました」

頭の中が真っ白になった。

久保田はずんさんの事務所の後輩で、ライブの本番になっても久保田が来ないので相方とマネージャーが家に行くと倒れていたらしい。久保田とはライブで共演したり、みんなで飲みに行ったりもした。おもしろい男だった。出会って7～8年？ 付き合いがありながら初めてふたりきりで飲んだのはつい1週間ほど前、原宿の居酒屋だった。

お笑いの熱い話やオネエちゃんの話などは皆無で、「ボクも、ずんのやすさんとA先生を見習って減塩生活を始めたんですよ」

と健康トークから始まり芸能ニュースへ。芸能ニュースといっても「誰々と誰々が付き合っている」なんていうスキャンダルではなく、

「A先生、井上順さんが一度改名したんですが、すぐに元に戻した話ってご存知でしたか？」

みたいな港区女子は見向きもしないが、渋谷区オジサンにはたまらないモテなさそうなニュースを集めるのが久保田は大好きだった。素晴らしいニュースのお礼に松村邦洋さんが元広島カープの達川さんのモノマネを習得する現場に私がいた話をすると、目を輝かせて聞いてくれた。2時間ほどで解散。家に帰ってスマホを見ていると始球式で左サイドスローの投球を見せる琴奨菊関の画像を見つけたので久保田に転送すると、

「お疲れ様です！ 自分見逃してました!! またひとつ知れました!! ありがとうございます!!」と返信が。それがラストメッセージになった。

訃報のショックなのか、それともステロイドの副作用が強いからなのか睡眠導入剤を飲んだのに眠くならない。とにかくシラフでいたくない。ずんのふたりとせきしろ氏と飲みに行って久保田の話をしたいがそれもできない。久保田とふたりで飲んだ数日後にトークライブをやる予定で、そこに久保田を追加ゲストで呼ぼうか迷ったが、第2回で呼べばいいと思って追加しなかったことをもの凄く後悔した。会いたい人とはすぐに会ったほうがいい。

とりあえずスマホで琴奨菊関の左サイドスローの画像を見た。とても楽しい画像なのに哀しい気持ちになった。これから私はお相撲取りさんの左サイドスローを見るたびに久保田を思い出すのだろう。大好きな井上順さんも松村さんも達川さんも、これから見るたびに哀しい気持ちになるんだろう。

結局この日は眠れなかった。

1週間後に退院。それから4日後に聴力検査をしたら右耳の聴力はほぼ元に戻っていた。「生きてるだけで丸儲け」という言葉を思い出してがんばろうと思った。

最後に久保田が気に入りそうなニュースをいくつか紹介したい。

@市原悦子さんが握ったおすむびはとてもしょっぱかったらしい。

@吉幾三さんは極度の高所恐怖症。

@ヴォルグ・ハンの特技は手品。

@高倉健さんの特技は催眠術。

@山本梓さんはコーヒーゼリーが大好きで、海外旅行に行くときにお気に入りのコーヒーゼリーを大量に持って行こうとして密輸と間違われたことがある。

@木村カエラさんは作詞中にスルメを食べすぎて顎が外れたことがあるらしい。

（提供元・ずんやす）

久保田剛史君の御冥福をお祈りします。

KAMINOGE COLUMN

2年9カ月ぶりの
戦場復帰で勝つ！
漆黒の闇から
抜け出したこの男、マジで
超いいヤツなんです。

復活の最強 DNA

山本アーセン

[KRAZY BEE/SPIKE22]

「もう自分の中にノリ（KID）を入れなくてもいい、
俺流でいいんだなってことに
やっと気づいて超ラクになった。
人間は誰かの真似をしたら終わるっスね。
本当にここ数年は闇の時期でした」

収録日：2023年5月9日
撮影：タイコウクニヨシ
試合写真：©RIZIN FF
聞き手：井上崇宏

「べつに相手のことを恨んでもいないし、ただ単に殺すって考えるのは難しいなって思ったんですよ」

アーセン　右目の腫れがまだちょっと引いてないんで、今日はサングラスをかけたままですみません。調子に乗ってるとかってわけじゃないんで、お許しいただけたら（笑）。

――まったく気にしていなかったのに、そうやって先手を打ってくるってことは調子に乗ってるんですか？

アーセン　乗ってない！（笑）。調子に乗っていいような試合内容じゃなかったし。

――2年9カ月ぶりの復帰戦で完勝ですよ。

アーセン　いや、自分の中では完勝じゃなかったかな。

――たしかに試合後の「勝って、静かなアーセン」の姿が印象的だったんですよね。ようやく復活できて、また試合をすることができて、そこで強いファイターに勝った直後なのに。

アーセン　その相手が強いっていうのもあまり知らなかったんですよ。

――戦前？

アーセン　そう。ほとんど知らなかったっス。

――失礼ながら、ようやく復帰を果たす山本アーセンに対して厳しいマッチメイクが組まれたなっていうのが大筋の見方だったんですよ。

アーセン　まず、今回やったことは「相手の情報をまったく入れずにやる」ってことだったんですね。それまでの自分だったら、相手の試合動画を観て「相手はこれをやってくるから、この技でいこう。でも、できんのかな？」って自分をネガティブなほうにまわしていたんですよ。でも今回は相手の映像を観なくてもいいやって。

――えっ、本当に観なかったんですか？

アーセン　まったく。

――情報ゼロ？

アーセン　ゼロ。マネージャーの谷口さんから「この選手になると思う」って相手のプロフィールが送られてきて、そのときに戦績とかはなんにも確認しないで、写真だけを見て「オッケーです。じゃあ、この人で」って言ったんですよ。

――以上？

アーセン　以上。相手のインスタとかもなんも見てないし、本当に名前を知ってるくらいの感じで。「ただ、俺が発信するだけ。俺がひたすらプレッシャーをかけるだけ」っていう気持ちだったっス。だから練習でショーイ（同じKRAZY BEE所属の漆間将生）が相手の真似をしてくれたくらい。

――でも本人を知らないから、それが似ているのかどうかもわからない（笑）。

アーセン　わかんないけど信じるしかない（笑）。でも相手の情報は入れないということをやらなかったら、今回のスタイルは出ていないです。タックルに入る回数も、ゲームの進め方も違ったと思う。とにかく自分がやりたいことというのがいままでの試合で1回も出てないから、とりあえず出したかったんですよ。だからもう相手のことは意識しないで「自分、自分！」でいこうと思って。

――それでリング上で伊藤裕樹選手で対峙するじゃないですか。そこで何を思いました？

アーセン　今回、俺は言葉は悪いけど殺しに行くぞマインドでやろうと思っていて、練習でも「殺す、絶対に殺す……」って思いながらやっていて。でも、なんか自分に腑に落ちないところが1個あって、べつに相手のことを恨んでもいないし、共通の友達がいるからいいヤツなんだろうなって思ってたので、ただ単に殺すって考えるのは難しいなって思ったんですよ。

――絶対にそうでしょ。

アーセン　そこで、どうやったら殺したくなるというか、倒したくなるんだろうと思ったとき、「この人を倒さないと俺がほしいものは手に入らない」っていう考えにたどり着いたんですよ。言っちゃえば海賊みたいなもので、恨みはないけどガーンとやって全部奪うみたいな。そのイメージで最後のほうの調整をしていたら、なんかスッと1点に集中できる感覚が身について「やっぱこれを理由にすればいいんだな」と。だから計量のときも「俺には欲しいものがあるから、絶対におまえを倒してそれをいただく」と、もうそれだけを思った。ほかのことはなんにも考えてない。だから相手が入場してきて、パッと目の前に立たれたときもそれしか考えてない。

「俺、気持ち超弱えじゃん。それを直せば俺は超強えじゃんってところで、そっから本気でメンタルと向き合った」

――相手の情報を入れずに試合するって、現代MMAでは前代未聞ですよね。

アーセン　だからスイッチの入れ方って人それぞれなんだなって思ったっス。やっと見つけられたっス。試合前に初めて手の冷え性も出なかったし、脇汗も出なかったし、心臓が突き出てくるようなドンドンドンっていう鼓動も聞こえなかったし。ただ、単に「自分を超える」。自分が限界だと思ったところを超えて、やりたいことをやる。相手を倒せば、自分自身に勝てば、ほしいものが全部手に入る。っていうことを1日中頭の中で繰り返していたらスイッチが入ったっス。

――じゃあ、試合中もずっと「自分との闘い」っていうマインド？

アーセン　本当にそれっス。これまでの自分の敗因はずっと

メンタルだったんで。

——弱点はメンタルだという自己診断はできていたわけですね。

アーセン できてたけど、それを直そうとはしていなかった。メンタルじゃなくて、テクニックのせいだとか、ケガのせいだとか、なんだかんだ理由をつけて逃げてた。ケガもあちこちしてるけど、言っちゃえばそれも治っていないですからね。でもすべては意識の変え方で「どこが痛くてももういい、たダやるよ」みたいに考え始めて練習したら痛くなくなったんですよ。医者からも「100パーセントは治らない」ってずっと言われてたけど、それも理解した上で練習してたら大丈夫になったんですよね。だからまあ、すべては脳みそでした。全部弱気だったっスね。ずっと朝起きて、「起き上がれなかったでしょ、俺。無理なんだよ」みたいなネガティブなほうに行っちゃっていたんですよ。

——「実際問題、俺は無理なんだから」って自分に言い聞かせてた。

アーセン それが腹をくくっただけで全部なくなって。朝も起き上がれるし（笑）。

——そこの意識を変えられたのはいつぐらいのことですか？

アーセン 「もう、これ（ネガティブ）はやらねえ」ってなったのは、前の彼女と別れたくらいのときじゃないですかね。

——それはいつですか？（笑）。

アーセン 去年の冬。11、12月とかじゃなかったですかね。

——なんで別れたんですか？（笑）。

アーセン もう複雑すぎてそれは言わないです（笑）。で、あのコと別れてからジムの仲間に受け入れられ、初めて自分と向き合う時間ができ、いろんな人との出会いがあって関係が深くなったりとか、いろいろといいことが起き始めたんですよね。それで意識のほうも、ポジティブに生きてみようとか、たとえば街でゴミを見つけたら拾ってちょっとでも運気を上げようとか、人とすれ違ったときに知らない人でも挨拶してみるとかをやっていたら、どんどん物事がうまく進むようになって。それで自然とたどり着いたのが「俺、気持ち超弱えじゃん。それを直せば俺は超強えじゃん」ってところで、そっから本気でメンタルと向き合うみたいな。

——そこって自分では薄々わかっていても、それをはっきりと自覚するってわりと勇気がいることですよね。

アーセン マジでそうなんですよ。だって1回気づいちゃったら、もう直るまでやんなきゃじゃないですか。直ってからもそうだし、終わりがない旅が始まっちゃうから、ちょっと逃げてた部分はあったっス。でも、それをやったおかげですべてがいい感じっス。

——恋人なんてふたりの相性だし、当時の彼女もいいコに違いないと思うけど、「なんか別れてからアーセンが調子いいぞ」という情報が入ってきてはいて（笑）。
アーセン　それ、ジムにもあった。「いまのアーセンは調子いい」って何回も言われたっスね。
——ニュー・アーセン誕生（笑）。それはもう彼女にべったりだったってことですか？
アーセン　べったりだし、自分が勝手にまわりとのコミュニティを切ってましたね。
——ふたりだけの世界を作り上げていたと。
アーセン　そこに行っちゃってたから、ダメなことをしちゃったなってめっちゃ思う。でも、そのあとしっかりと受け入れてくれたチームメイトたちにもありがとうっスね。もうあの頃はジムの輪の中に自分で入らなかったんですよ。
——山本家の一員のくせにKRAZY BEEと距離を置いてたって、絶対ダメでしょ（笑）。
アーセン　めっちゃダメっスよ。だから本当に自分を見失いかけてたっスね。しかも自分のためにも生きてなかったので、それがいまやっと自分にフォーカスを当てた生活をしているから楽しくてしょうがないっスね。いまは超わがままにポジティブに生きてて、めっちゃ調子いいっス。

「最初の頃は『なんのためにこんなに追い込まれてるんだろう？』と思っていたし、MMAを好きでやってるわけでもなかった」

——ちなみに彼女と別れてからジムの仲間たちに迎え入れられ、そしてまたすぐ新しい彼女ができた？（笑）。
アーセン　でも、そこはもう一線には入らせないようにしてる。一線に入らせないというか、自分の中で彼女は彼女だし、大好きは大好きだけど、俺はもうみんなのために時間を使いたい。たとえば家族とかもいるわけで、みんな同じくらい大切なんですよね。だからちゃんと「俺はキミだけじゃないからね、みんなに平等に時間を使うから」っていうことは伝えてあります。それをいまのルールとしてちゃんとキープしていて、一緒に住むこともせずにひとり暮らしも保ってます。ひとりの時間も凄く好きだし、そこで技とかを考えることもできるし。
——とにかく、言ってしまえば「メンタルさえ整っちゃえば、もともとの俺は強えぞ」っていう。
アーセン　それもだし、メンタルが整わないと練習でやってることも出ないってことがわかったんで。
——じゃあ、本当に学びの多い復帰戦でしたね。
アーセン　完全に課題探しの試合だったっス。あとはショーイとかが俺のスイッチを入れなかったらこれはなかった話だし。

試合前、初めてショーイに「俺、怖いんだよな……」って弱音を吐いたんですよ。

——いつぐらいですか？

アーセン　試合の1カ月半前くらい。「ひさしぶりの試合で、前の試合のときの感覚が戻っちゃったらどうしよう？」とか「俺がこの試合で全力を出して、負けたり不甲斐ない結果だったらマジでセンスがないってことだから、キッパリあきらめようかなって思ってるくらい腹をくくってるんだよね」って言ったんですよ。そうしたらショーイが「アーセンさん、自分もこの間の試合はそうでした。負けたら地元に帰って、向こうで生きていこうと思っていたんですけど、最後に自分を試してみたかった。だからいまのアーセンさんの気持ちはボクにしかわからないと思います」って。そして「アーセンさん、正直に言います。このままじゃ負けます」って言われたんですよ。

——めっちゃいいヤツ。

アーセン　それで「いまアーセンさんが初めて弱いところを自分に見せてくれたんで正直に言いますけど、まだ足りないっス。ちょっと自分に1回まかせてくれないっスか？　自分がアーセンさんを完璧にしてみたいと思います」みたいことを言われて、そこから朝方までずっとしゃべって、「よし、わかった。じゃあ、まかせた。やろう！」となってからの1カ月半ですね。だから作戦とかが自然とできてきたのもその中でだし、「俺、めっちゃ体力ついたじゃん」って思ったのもそう。まあ、試合が決まってから2カ月くらい時間があったと思うんですけど、そうやって残りの1カ月で仕上げた感じですね。

——そんな重要な夜があったんですね。

アーセン　ショーイはアウトサイダー出身で「自分、根性だけはあります」みたいな感じで言ってくれて、「でも伊藤裕樹も根性は強いっスよ」みたいな。それで俺の悪いところはテイクダウンをして、相手に立たれたら「うわっ、立っちゃった」ってネガティブになるところだったんですよ。

——レスラーって、そうなりがちですよね。

アーセン　みんなそうじゃないですか。「あー、立たれた……」って思ってる瞬間に打撃で詰められるみたいな。モロに自分がそれだったんですよ。なので、そのシチュエーションを練習で何回もやって、「じゃあ、今日はこの気持ちでやってみよう」「あっ、この気持ちでドツボにハマった。じゃあ、これは間違いだからこっちを詰めてみよう」とかどんどん枝分かれさせていって、自分を作っていったんです。そうしたら、それが試合で全部出たっスね。

——なんか全部がいい話。MMAに転向した頃は、そばに山本〝KID〟徳郁という鬼コーチがいて、地獄のスパルタで追い込まれて、それがド新人にしてはわりといいパフォーマンスになっていたと思うんですけど。

RIZIN

株式会社SUテクノ
RIZIN

5・6『RIZIN.42』東京・有明アリーナ
第4試合［RIZIN MMAルール:5分3R］
○山本アーセン（3R判定3-0）伊藤裕樹×

アーセン　自分もなっていたと思いますよ。
――ねえ。それで「やっぱりアーセンの素質はヤバイな」と。それがここにきてKIDコーチ抜きでもチームの仲間たちで追い込むことができるようになったと。
アーセン　まず、あの期間があったからっスね。
――あの時期のことが土台としてあると。
アーセン　いまになって、「ちょっとこれ、やってみて」って言われる動きが全部できるっスもん。それってノリが教えてくれた時期の中に動きも考え方もほぼ全部入っていたからなんですよね。だから最近やっていく上で「あっ、あれか」ってつなげやすくなるから理解しやすくて、あのときのことがちゃんと活きてるんですよ。正直、あの頃は「なんのためにこんなに追い込まれてるんだろう？」と思っていたんでわからなかったし、いまみたいにMMAを好きでやってるわけでもなかったし、これに懸けようと思ってやっていたわけでもなかったから。

「もう自分を演じるのも嫌だし、無理におもしろいことを言おうとするのも嫌だし、自分以上に見せようとも思わない」

――「俺はここで何をやってるんだろうな？」みたいな。
アーセン　「えっ、俺、ヒョードルと同じ舞台に立ってんじゃん！」みたいな（笑）。
――迷い込んできた観光客（笑）。
アーセン　「ヤバイ、マジで!?」みたいな（笑）。ちょっとチヤホヤもされて夢みたいな時期だったっスね。それで負けて、地獄、孤独っていう、いろいろと自分の中で精神的にもグチャグチャになって。
――離婚もありましたもんね。この若さで、いっぱしの中年オヤジでも積んでいない経験をたくさんしているんですよね（笑）。
アーセン　マジで。だから俺、同い年とはあまり話が合わないくらいで「コイツら、チャラいな」って思うっスよ（笑）。だから今回の人間の変わり方と考えの変わり方、勝利、俺は誰よりもおいしいというか、減量後のメシみたいな感じで、あの時期があったからこの勝利で見つけたものもデカくて、ホッとした気持ちも凄くあって、格闘技がもっと好きになっちゃって、どんどんハマっていっちゃいますね。
――まあ、それも自作自演なんですけどね。自分で勝手に落ちて、だけどそのぶん余計に楽しいっていうのは。
アーセン　本当に格闘家になってよかったなって思ったっス。
――KIDといえば、入場のときの姿はマジでKIDかと思いましたよ。
アーセン　マジっスか？　でも俺は踊らなかったっスよ（笑）。
――顔とか雰囲気がすげえ似てて、びっくりしましたよ。
アーセン　それ、なんなんですかね？　意識しないから逆に

© RIZIN FF

似ちゃうんですかね？

――それとさっきも言いましたけど、勝ったあとの凄く冷静にたたずんでいる感じ、あの姿もホイラー（・グレイシー）をノックアウトしたときのＫＩＤでしたよ。

アーセン　まあ、まずフィニッシュできなかったんで、それがファイターとしてはダメじゃないですか。判定っていうのは第三者の人たちが見て「こっちが強かった」って判断しているだけで。言っちゃえば喧嘩もどっちかが「もう無理っス」ってなるまでが闘いなので、それで終わらせられなかったのは悔しかったし、べつに相手の裕樹くんがどうこうじゃなく「俺は絶対にここで負けちゃいけない」と思っていたんで。自分では勝って当たり前の試合だったんで、そこでめっちゃ喜んでたらダメダメじゃないですか。これからＲＩＺＩＮでやっていく上で、戻ってきた1試合目が伊藤裕樹くんで、それがファーストステップとしてはいい選手だとＲＩＺＩＮさんが考えてくれた相手だから、そこを倒してからがスタートじゃないですか。前のテンションのままではファイターにはなれないっス。

――素晴らしいですね。スター誕生ですよ。

アーセン　いやいや。だからもう自分を演じるのも嫌だし、無理におもしろいことを言おうとするのも嫌だし、そのときのテンションで人間性が出ればいいけど、自分以上に見せようとも思わないし。

――もう自分を作らない。
アーセン　相手をけなしてまで俺の格闘技を見てほしいとも思わないです。だってノリだってそうだったじゃないですか？　格闘家として強いからみんな「かっけー！」ってなるんだし。やっぱり格闘家なら強くてかっけーみたいなところを目指したいんで。あとは相手が勝手に盛り上げてくれるから、そこに乗っておけばいい話じゃないですか。
――それで試合後のマイクですよ。「みんながみんなを愛し合って、みんながひとつになれば、もっと日本はいい国になる」という。
アーセン　なんかその、「もっと愛を持って生きましょう」ぐらいの。
――あれを聞いていて思ったことは「アーセン、主語のデカい話がめっちゃ似合うな」って（笑）。でも、あれはリアル・アーセンですよね。普段からそんなことを考えているような男で。
アーセン　言っちゃえば、試合前からずっと自分のほしかったものって、あのマイクパフォーマンスの数十秒の時間だったんですよ。それもほしいものリストに入れてて、あれって勝者のゴールデンタイムだから、勝たないと手に入れられない時間じゃないですか？　だから「コイツをぶっ飛ばさないと、みんなに伝えたいことが言えない」っていう、そこもモチベーションになったっていう。

「結局、俺が結果を出していないからいじくれるわけじゃないですか？　負けてんのに踊ってて、強くもねぇのに彼女ができてるっていう」

――欠場中の迷走期は、ＳＮＳですっかりネタ扱いされていたのに。
アーセン　ねっ。
――あっ、知ってました？
アーセン　なんか風の噂でですね。
――そういう変な人気を得ていたというか。
アーセン　それを最初に知ったときは超嫌だったんですよ。でも谷口さんとか（高橋）遼伍さんとかエンターテイナーの大人たちが「いや、アーセン。おまえはこれがどれだけラッキーなことなのかわかってるのか？」みたいな。
――エンターテイナーの大人たち（笑）。
アーセン　「おまえ、これは普通の人だったらないからね」「何も騒がれないことがいちばん悲しいんだから」と大人のエンターテイナーたちに言われて、「それもそうなのかな」みたいな。で、そうやって俺で遊んでる人たちって、結局は俺が結果を出していないからいじくれるわけじゃないですか？　負けてんのに踊ってて、強くもねえのに彼女ができてるっていう。

事の発端は全部「強くねえのに」だから、それを「強い」に変えたら全部がオッケーになるんじゃないかと思ったら、「試合で見せればいいや」ってなって（笑）。

——踊るためにも（笑）。

アーセン 自由に踊るためにも（笑）。

——いいぞ！ 強いぞ、アーセン！（笑）。

アーセン で、いまその通りになったじゃないですか。「俺は踊る人間だから」って完全になってるじゃないですか（笑）。

——過去のメンタル面の弱さみたいなのは、子どもの頃からあったんですか？

アーセン まず、俺がアスリートだったからじゃないですか？ 殴る蹴るっていうのをちっちゃいときからやってたら別だけど、レスリングって殴られない蹴られない、ただ人を投げる、テイクダウンするってやつだから暴力があまり少ない。俺は道の喧嘩も何回かやったことがあるくらいですし、人生においてパンチ、キックというものに慣れていなかったから。それが気がついたら、自分の骨を折りに来る、絞め落としに来るっていう、「ずっと観てたけど、こんなにとんでもない世界だったのか!?」と。「俺、こんなとこでいけるかな……」っていう。

——というマインドだったわけですね。

アーセン でもノリに「いけっから。やれっから出ろ」みたいな感じで出されて、メンタルが整わないまま何回か試合をしてたから、正解がよくわかってなかったですね。でも自分が「闇の時期」と呼んでる期間に薄々正解を知っちゃったんですよね。メンタルの件についても気づいてきてるし。そっから「これとこれとこれをやったら、俺、強い選手じゃん」っていう自分の方程式ができちゃって、できちゃったからにはやるしかないみたいな。いままではその方程式がないままやってたんで楽しくもなかったけど、最強の選手になるためにはそこを勉強して、いろんな人の意見も入れて、そうして作ってできたもので「よし、やってやろう！」というのが今回の試合だったんで。マジで今回負けてたらどうなっていたかって思いますね。

——メンタルの強い弱いじゃなくて、きっともともとがやさしいコじゃないですか。自分でもそう思いますよね？

アーセン 思う。不良だったわけじゃないし、そんな道ばたで「コラッ！」とか言わないですからね。相手にやる気で来られたらそれは下がらないけど、自分から争いごとをやろうとは思わないし、やっても意味ないしっていう。それをやって、いい〝気〟がなくなることが怖いんですよ。ポジティブに生きてるのにそうやって人を傷つけて、また自分の素晴らしい日々が潰れるのは嫌だって思っちゃう。でも一時は「殺気！」っていう時期があって、そのモードだった2、3カ月くらいは道で誰と喧嘩してもいいぜっていう感じになってたっスね。

――それは自分に言い聞かせていたわけですか？

アーセン　オラオラで街を歩くんですよ。「あ？　なに？」みたいな。

――そんなの普通に怖いよ！（笑）。

アーセン　それを日頃から当たり前にしようとしたんですよ。普段から殺気を入れておかないと試合で出ないぞっていう時期があって、常にガーッと入った状態で過ごす日々があって、それはそれでスイッチの入れ方が身についたんですよ。でも、さっき言ってもらったように俺はもともとがやさしい人間だから、それは俺の強くなり方じゃなかったっスね。

「まわりがどう転んでも、いくらどんな形になったとしても、俺たちが目立つようになっちゃってるんですよ」

――自分を見つめ直して、めちゃくちゃ考えてここまで来たんですね。かれこれ3年近くリングから離れていて、その間にだいぶ格闘技シーンも変わったじゃないですか。

アーセン　変わった。それはよくも悪くもですよね。いろんな人に格闘技を知ってもらえるチャンスが前よりも増えてて、でもそれって自分が望んでいるような、好きだった頃の格闘技の形とは違う。だけどそんなのは音楽だってファッションだって全部そうじゃないですか。逆にそういう時代だからこそ、いまここで自分たちの味が凄く出てくるっていうか。逆に悪い方向に行ってくれればくれるほど、自分たちの方程式に対して「ああ、そっちのほうがやっぱりいいよね」って言ってくれる人も増えるわけですし。まあ、自分たちの形で格闘技を作っていけるんだったら作っていきたいですけど、まわりがどう転んでも、いくらどんな形になったとしても、〝俺たち〟が目立つようになっちゃってるんですよ。わかるっスか？

――俺たちって？

アーセン　いや、井上さんとかも含めた俺たちですよ。

――俺も入ってるんだ!?（笑）。

アーセン　やっぱ自分たちはそのへんの人たちと考え方も違うし、アイデアを出すスピードも違う、何もかもが独特なわけじゃないですか。『KAMINOGE』だって、これ、こっちの意見に対して「そうだね」って「本当にそう思うわ」っていう取材ではないわけじゃないですか。「いや、俺はこう思うけど」「それってそうか？」って常にくるじゃないですか。

――なんかすみません（笑）。

アーセン　これができるかぎり、格闘技がどういう形になっても自分たちは潰れないですよね。長州力さんなんてまさにそれで。

――いきなり長州力（笑）。あの人はザ・オリジナルですもんね。

アーセン　だから俺らはまわりがどう転んでもいいんですよ。ずっとみんなから「おもしろいね」って言われる存在だから。

たぶん、ちゃんとやりさえすれば（笑）。マジで俺のチームはそうだろって思うんスよ。

——ひょっとして俺もそのチームの一員ですか？

アーセン　もちろん。

——なんかめっちゃうれしいな（笑）。

アーセン　俺の娘が赤ん坊だった頃、抱っこしてもらって寝かせてもらったことを俺は忘れせませんよ。

——たしかに寝かしつけましたね。あのときにチーム入りしてたんだ（笑）。

アーセン　だから俺は決めてるんですよ。自分の意見を言う場所はここだけだな、みたいな。もうニセモノにはなりたくないです。それって自分が苦しむだけだったんで。

——いやいや、本当におかえりなさいですね。もうすっかりどっかに行っちゃってましたもんね。

アーセン　行っちゃってたし、そこから帰って来れるのかどうかもわからなかったっス。でも目標はなかったけど、ずっとなにかしら格闘技には触れていたから。

「これまで見捨てずにいてくれてありがとうございました。俺から離れなかった人たちのことは一生忘れないんで」

——ＫＩＤさんが亡くなって、人気選手が何人も抜けちゃって、ＫＲＡＺＹ ＢＥＥは大リニューアルして、「ここで俺がやらなきゃ」っていう思いはありましたよね？

アーセン　それがやっぱ最初のほうはあったんですよ。でも、それも違うなと思ったんですよ。「俺、ただ格闘技が好きでやってんだよ」っていう感じになったんで。もちろん、俺が後輩に見せつけるっていうのもあると思うんですけど、どっちかって言うと俺がわがままで遊んでる姿を見て勝手に元気をもらってくれたらなって。じつは今回はそれがカイル（・アグォン）だったんです。なのでカイルをセコンドにつけたんですけど、カイルはめっちゃ強いんですよ。俺のグラウンドのＩＱとか考え方にもカイルを入れてるんですけど、あの人のいいところってすぐに極めにいくんじゃなくて、潰して、パウンドして、嫌がらせて、相手を動かして、バテさせて、最後に極めるみたいな。言っちゃえば、今回の俺のレスリング抜きバージョンがカイルなんですよ。

——先生のひとりですよね。

アーセン　この間カイルはそれをやらないで萩原（京平）くんに負けちゃった。萩原くんには悪いけど、俺はカイルが勝つと思ったんだけど、1ラウンドでチョーク1箇所にこだわりすぎて、バテバテになって疲れて、最後ボコボコにされたじゃないですか。それでカイルは「もう格闘技はちょっと……」みたいな感じになってたから、「じゃあ、俺のセコンドに1回ついてよ」みたいな。「あなたの持ってるものはどこでも使えて、どんな人がやってもボコボコにできるようなテクニックやIQなんだよ」っていうのをカイルに証明したくてセコンドに入れたんですよ。

――「今日の俺を近くで見てて」と。

アーセン　「べつに何も指示とかしなくてもいい。ただ見てて。俺のメンタルケアでいてくれたらいいから」って。だから俺のお守りみたいな感じでカイルを入れたんですけど、「ねっ、凄いっしょ？　あなたはこれだけのことを俺に教えてくれてたんだよ」って。

――カイルはひっそりと引退の危機だったんだ。

アーセン　ひっそりとちょっとギリギリのラインをバウンスしてたから（笑）。それでちょっぴり気合いを入れるために。本当はそれは後輩にやらないといけないんですけど。

――先輩にやっちゃったと（笑）。

アーセン　自分のコーチにやったっていう（笑）。

――いまの話を聞いて思ったのは、やっぱり山本アーセンがKRAZY BEEですよ、本当に。いちばんKRAZY BEEっぽさを体現してる。

アーセン　ありがとうございます。そう言っていただけるとまた気合いが入る。

――KRAZY BEEを背負うのではなく、山本アーセンがKRAZY BEEです。

アーセン　だから「俺流でいいんだな。もうノリを入れなくていい」ってことにやっと気づいた。っていうか、自分の中にノリを入れなくなってから超ラクになった。たとえばノリの考え方だったりとか。

――「こういうとき、ノリならどうする？」みたいな。

アーセン　そうそうそう。「ノリの性格上、これだったらこっちを選ぶんだろうな」っていうのを俺は全部なくしたんですよ。そうじゃなくて「俺はどれだろう？」っていうのに変えたら超ラクになった。人間は誰かの真似をしたら終わるっスね。っていうことが凄くよくわかった。本当にここ数年は闇の時期でしたね。

――素晴らしい。よし、今日はこのへんで。ありがとうございました！

アーセン　イエーイ！　こちらこそ、これまで見捨てずにいてくれて本当にありがとうございました。俺、離れなかった人たちのことはちゃんと憶えてるから。一生忘れないんで。

山本アーセン（やまもと・あーせん）
1996年9月8日生まれ、神奈川県出身。総合格闘家。KRAZY BEE/SPIKE22所属。
祖父・山本郁榮、母親・山本美憂、叔父・山本"KID"徳郁、叔母・山本聖子というレスリング一家に生まれ、4歳のときからレスリングを始める。中学から単身ハンガリーに留学して2013年に世界カデット選手権（グレコローマン69kg級）優勝を果たす。その後リオデジャネイロオリンピック出場を目指すがケガにより断念し、総合格闘家への転向を表明。2015年12月31日、RIZINでのクロン・グレイシー戦でデビューし1R三角絞めで敗北を喫する。その後、才賀紀左衛門、ティム・エスクトゥルースらに勝利するが、2020年8月9日の『RIZIN.22』で加藤ケンジに1Rに右フックでKO負けを喫し、ケガの治療も兼ねて長期欠場となる。2023年5月6日の『RIZIN.42』よりフライ級に転向して伊藤裕樹と対戦。幾度となくテイクダウンを成功させ3-0の判定勝ちを収めた。

鈴木みのるのふたり言

第118回

「生の実感」

構成・堀江ガンツ

——このインタビューが載る号の発売日は6月5日なんですけど、その頃、鈴木さんはデビュー35年を迎えるんですよね。

鈴木　もうちょっとで35周年だね。

——ということは、30周年記念として横浜赤レンガ倉庫前広場で2日間開催した『大海賊祭』からもう5年経つってことですよね。早いですね〜。

鈴木　数えると早いんだよ。だけど日々を一生懸命に生きてると、早いも遅いも関係ないというか、そんなこと考えてる暇はない感じだね。どんどん状況は変わっていくし、そこで自分は生きていかなきゃいけないわけだから。

——常にブラッシュアップしていないと、生き残れない世界だと。

鈴木　世の中の人ってやたら年齢で区切りたがるじゃん。何歳だからこうだとか、キャリア何年だからこうだとか。俺がよく言われるのは「その歳で普通に動けてるのが凄いですね」とか「キャリア35年も長く続けていて凄いですね」とかで、よかれと思って言ってくれてるとは思うんだけど、俺にとってそんなことはどうでもいいんだよ。大事なのは、いま俺がやっていることが凄いかどうかだけであって、歴史とかキャリアではなく、「いま」で判断してほしいと思ってる。「いま」の俺のプロレスが凄くなかったら、現役を続ける意味もないだろうし。

——過去の実績で売っているわけではないってことですね。

鈴木　売るほどの実績は持ってないんで。あとはそういうものに対して興味があまりないのかも。過去にひたるより、いまがいちばん楽しいよ。シリーズなんかで連戦が続くと、疲れも溜まるし、睡眠不足にもなるし、連戦になればなるほど、ストレスが溜まるようなことが起こるわけじゃないですか。でも、そういうときこそ「生きてるなあ!」って実感するんだよね。あと試合のダメージで身体が痛くなったりするんだよ。ホテルのベッドで横になりながら「ああ、ヒジ痛えな……」とか。それで横になったときに「ああ、俺、生きてんなあ」ってふと思うんだよね。もうこの商売辞められないね(笑)。

——ちょっとしたマゾっ気を感じますけど(笑)。「リングは麻薬」ってそういうことなんですかね。

鈴木 麻薬なのかなあ。麻薬と感じたことはないけど、生きてる実感を得られる場所ではあるよ。

——そういうことって、いつ頃から感じるようになったんですか?

鈴木 20年くらい前だね。パンクラスを離れてプロレスという世界に戻ってきてからだと思う。明確にいつからかはわからないけど、俺って練習が好きなんだな、格闘技が好きなんだな、プロレスが好きなんだなっていうことは、この20年のいろんな場面であらためて思っている。

——プロレスを続けることで、それに気づかされていると。

鈴木 うん。試合が終わったあとにコインランドリーで洗濯機をまわしているとき、その団体の若手が先輩の洗濯物を大量に抱えてるのを見て「大変だな、コイツら……」と思いながら、自分の洗濯が終わるのを待っているときとか、なんかいい時間だよね。

——旅から旅の生活自体に生きがいを感じちゃっているんですね。

鈴木 長いツアーとかってしんどいんだけど、それをうまく調整してやりきることによろこびを感じたりね。ツアーが続くと筋肉に疲れが溜まってるのが自分でもわかるんだよ。「今日は筋肉の伸びが悪いな」とか。そういうときって動きたくないんだけど、俺はあえて練習する。体育館に着くと、試合前に俺はキックボクシングのシャドーをやったりするんだけど、疲れてるときは筋肉が固まってるし身体が全然動かないんだよ。それでも必死に息を上げるようにシャドーをやって、そういうときだからこそやるようにしてる。「今日はもう無理! 辞めておく」っていうのはないね。

——1日サボると、「もう1日休むか」「来週になったら再開するか」ということになりがちですもんね。

鈴木 そもそも、いまできないヤツが明日できるわけがないんで。「ダイエットしようと思ってるんだけど、明日からしよう」とかね。それと同じ。そう自分に言い聞かせてる部分もあるかな。以前は誰かがそれをやってないと「おまえ、やってねえじゃん!」って人のことばっか言ってたの。誰かを否定して、自分のほうが上だっていうふうにしたかったんだろうね。

——そうすることで自分の心を安心させるというか。

鈴木 それがなくなったかな。やるかやらないかは自分の問題であって、他人がこうだとか誰かと比べることで自分を上に見せたいとかはなくなった。この前、(5・3)福岡でNEVER無差別級6人タッグのタイトルマッチをやったんだよ。

——鈴木&デスペラード&成田蓮 vs オカダ・カズチカ&棚橋弘至&石井智宏ですね。

鈴木 最後、オカダが倒れてる成田を足でチョンチョンって小馬鹿にして蹴ってたから、イラッとして突き飛ばしたんだよ。そうしたら「もう終わったんだよ。帰れよ!」って言ってきたから、俺がオカダの足をポンポンと蹴って「おい、おまえはこうやってバカにすんのか?」って詰め寄ったんだよ。そうしたらアイツ、バックステージのコメントスペースで「鈴木やデスペラードに守られて、成田は過保護だ。そんな状況じゃ強くなんねえよ」ってあとから言ったの。「それ、おまえが言う?」と思ってさ。過保護でプロレスの世界で食ってきたくせに。俺からすればそう見えるわけ。

——まあ、凱旋帰国以来、長いこと外道さんがずっと脇についてましたからね。

鈴木　過保護にされて育ってきた人間が「自分は厳しく育ってきた」っていう勘違いのもと、他人が自分よりも甘く育ってるように見えるんだろうなって。そういうのをまったく受けてない人は、他人のことを「過保護だ」って言わないもん。過保護に育てられた人間だけが、自分にも思い当たるフシがあるから他人のことを「過保護だ」って言うんだよ。……っていうことに気づきました(笑)。

——下から上がってくる若手を叩き落とす、自衛手段なのかもしれないですけどね。

鈴木　どうなんだろうね。俺はべつに成田を守ろうとしてるわけでも、育てようとしているわけでもなく、ちゃんとひとりの仲間として受け入れているだけなんで。俺からすればオカダは「強い」という意味のモンスターじゃなくて、「狂ってる」という意味でのモンスターだよ。

——今回の成田選手とか、ノアの清宮海斗選手とか、自分に向かってくる若い選手へのマウントの取り方が過剰ですよね。

鈴木　まあ、この何年間で状況がどんどん変わっていって、自分の立ち位置も変わっていって、おもしろいものがたくさん見えてきたよ。いままで見えなかったものが見えてる。特に去年までは「俺は鈴木軍だから」ってことで拒否してきたものを、今年から全部受け入れるようにしたことで、また新たなものが見えてきたね。

——昨年末の鈴木軍解散は、やはり大きな転機になってるんですね。

鈴木　そうだね。鈴木軍が解散して、その延長線上のままなら俺は何も変わらないと。だから新しいことをしたいと考えて、いままでやらなかったことをどんどんチャレンジしようと思ったんだよ。それはここ2、3年、ひとりでアメリカに行ったたっていうことも後押ししてるのかもね。いままでやってなかったことでも、ひとりで行ってみたらなんとかなるっていうことがわかったから。

——まだまだ伸びしろが見えたというか。

鈴木　やりもしないで、わかったような口はききたくないからさ。俺が海外の試合から帰ってくると「いやー、俺も昔アメリカに行ったときさ」とか言うヤツがいるんだけど、「ああ、昔ね」っていう感じだよ(笑)。べつに俺は自慢するためにアメリカに行ってるわけじゃないんで。カネを稼いでメシを食うために行ってるわけであって。このお店(原宿『パイルドライバー』)の営業だって食うためにやってるんで。若い選手なんかは「いやー、ボクも将来はブランドを持ちたいですよ」「ボクもそういうアパレルをやってみたいんですよねー」とか言って「どうやってやるんですか?」って聞いてくるから、俺は「知らねーよ」って。だって俺、関係ねえもん(笑)。俺は自分がやりたいことを全部自分のお金でやってるだけなんで。

——もともとはネットショップから始めて、やり続けていくうちに次の展開が見えてきて、原宿に店を出すようになったわけですもんね。

鈴木　最初は自分が店を持つとか考えてなかったから。そうしたら、気づいたらもうここに店を出して8年もやってるから。そうすると「次は何をやろうかな」って、また新たにやりたいことができて可能性が広がっていく。その繰り返しだから。プロレスでも商売でも、そうやって新しいことをやり続けないと生き残れないと思うからね。

——35年やってると言っても、会社で勤続35年とは違うわけですもんね。

鈴木　キャリア35年の間、20年がフリーだから。それで最初の15年は旅だった。新日本、UWF、藤原組と渡り歩いたあと、パンクラスが約10年。その間、旅をしてきた感じがするよね。それで「プロレス」という自分が本来いるべき場所に帰ってきて、フリーになってからいろんなものが見えてきた。あのまま団体に所属し続けていたら、何もわからなかったんだろうな。ひとりになってから、いろんな人との出会いが俺を導いてくれた。それは高山（善廣）だったり、いろんな人ですよ。その中で、「ああ、こんな考え方があるんだ」と気づかせてもらって、プロレスにどんどんのめり込んでいった。

——最初の15年間は格闘技系にいて、純プロレスに免疫がないぶん、新しいものをどんどん吸収していったという。

鈴木　いろんな人との出会いからフリーとして生きていく術も学んでいった気がするよ。「フリーになってどうやって仕事を取るんですか？」ってよく選手から聞かれるんだよね。でも俺は「知らねーよ、そんなの」って言って（笑）。きっと〝売れる商品〟になることが大事なんだろうけど。

——その売れる商品になる術を試行錯誤して身につけていって、いまがあるわけですよね？

鈴木　そうじゃなきゃ生きていけないもん。オファーがなくなったら即廃業なんだから。だから「いいですね、フリーは」って言われると、「えっ、なんで？」と思って。俺は新日本のツアー以外にも、シリーズオフは違う団体に上がってお金を稼いでるから、そこだけ見たら「いいなあ」って思うんでしょうね。「何を言ってんだよ。会社に所属して、休んでてもサラリーが発生しているキミのほうがずっと恵まれてるよ」って思うんだけどね。俺は働かないと1円ももらえないんだから。

——鈴木さんの場合、だからこそ働くことに対して貪欲。イコール、プロレスに対して貪欲っていうことじゃないですか。

鈴木　そうだね。だから試合して金を稼いでいると「生きてるな」って実感がするんだよ。試合で海外に行くと、いまはアメリカも物価がアホみたいに上がってて大変なんだよ。イギリスは前から高かったけど、アメリカもいまはマクドナルドのセットが2000円だからね。アメリカで朝メシ食って7000円払ったときはビックリしたよ。

——朝から7000円！（笑）。

鈴木　アボカドサンド、コーヒー2杯で7000円ですよ。レシートを見たら「60ドル」って書いてあって、「うわっ、7000円!?」と思って。意味わかんないでしょ？（笑）。でもそういう経験しながら世界をまわるのが楽しいし、これからもっと稼いでやるって思ってますよ。

D PRO

若き〝方舟の救世主〟。
この男を応援したくなる何か。
その何かとは、何か？

Galaxy View

清宮海斗 ［プロレスリング・ノア］

「オカダ・カズチカの顔面を蹴った蹴らないで
終わるのではなく、今後のノアでもあれぐらいの
熱を巻き起こしていかなきゃいけない。
プロレスラーとして、とても恵まれた環境での
すべての経験がボクがノアを引っ張っていくという
思いにも繋がっています」

収録日：2023年5月11日
撮影：タイコウクニヨシ
試合写真：© プロレスリング・ノア
聞き手：堀江ガンツ

「感情をコントロールできずに気づいたら乱闘になっていた。自分自身『こういう感情もあるんだな』って驚いた」

——清宮選手は『KAMINOGE』初登場になりますけど、ボクがインタビューさせてもらうのは2回目なんですよ。

清宮　憶えていますよ。横浜ラジアントホールでやってもらいましたよね。

——憶えてくれていましたか。昨年1月、ABEMA格闘TIMES掲載用の仙台大会煽りインタビューだったんですけど、結局、記事はお蔵入りになってしまって。

清宮　えっ！　そうだったんですか？

——NOAHでコロナの陽性者が出て、清宮選手ら10選手が濃厚接触者ということで欠場になってしまったので、煽りインタビューを載せる意味がなくなってしまったという（笑）。

清宮　あ〜、あの時期はそういうことがありましたね。申し訳なかったです。

——昨年の1・8横浜アリーナで、オカダ・カズチカ選手とタッグ初対決をおこなって注目度が上がった直後の欠場だったので、そのときは「持ってないな〜」とも思ったんですけど、その後すぐにリカバリーしたのはさすがだなと思いました。今年の1・21横浜アリーナでもオカダ選手との1年越しの再戦で、顔面蹴りでまさに嵐を呼びましたよね。

清宮　そうですね。プロレス界をお騒がせしました（笑）。

——あらためて、あの横アリの試合を振り返ってみていかがですか？

清宮　これまで自分がプロレスをやってきて、あのような乱闘ってなかったと思うんですよ。

——収拾がつかずにノーコンテストという結末も珍しいですしね。

清宮　本当に感情的になってしまったと言いますか、感情をコントロールできずに、気づいたら乱闘になっていたような感じで。自分自身「こういう感情もあるんだな」って驚かされたと言いますか、あのときは何を言われても「俺はオカダ・カズチカに対する思いがあるんだ」っていう一心でやっていましたね。

——顔面を蹴り上げたのは、何が引き金になりました？

清宮　理由はひとつじゃないと思うんですよ。1年前に自分は悔しい思いをしているので、「この1年間、俺がやってきたことを見せてやるぞ」という気持ちもありましたし。本当にボクのフォーカスはオカダ選手に向けられていたんですけど、向こうはボクを見ようともしなくて。視線を合わせなかったり、試合中も背中を見せられたりしたので、そういう部分でどんどん自分の中にフラストレーションが溜まって、気づいたら顔面を蹴っていた感じですね。

——あのときは新日本とNOAHのチャンピオン対決だったわけじゃないですか。でもオカダ選手は「眼中にねえよ」という態度で。

清宮　そうですね。そういう態度を取られたことでムキになったと思うんですよ。カットしても反応もリアクションもなかったですし、もう「なにぃ!?」っていう気持ちがそこからどんどん溜まっていきましたね。もしかしたら、それがオカダ・カズチカが撒いた餌で、そこに乗ってしまったのかもしれないですけど、あそこまで自分の気持ちをストレートに出せたことは自分でも驚きであり、経験として新しく感じられた部分ですね。

——あの一件は、よくも悪くも大きな話題となり、結果的にあれで名前が知られた部分もありましたね。

清宮　よかったかと言われたらあれですけど、あの試合の反響も凄くいただいたのは事実で。知人とかからも「観に行くよ」っていう電話やメールも実際にいただいて、それぐらいエネルギーがあったんだなっていうのを実感していますね。

——そして清宮選手の行為や発言は、新日本ファンやオカダ選手のファンも本気にさせたじゃないですか。あの頃、SNSのリプライなんかも相当凄かったんじゃないですか？

清宮　いやあ、たしかに凄かったですね。いろんな方からご心配の声もいただいて。ボク自身、SNSをやっていく中でこういったことは初めてだったので。お会いしたこともない、本当にまったく知らない人たちから、ここまで感情的な言葉が来るっていうのは最初は驚いて、胸が痛んだりもしましたけど。

——SNSでの誹謗中傷って社会問題にもなっていますからね。

清宮　ただ、これはあくまでボクがオカダ選手と対戦したい、倒したいという思いからの行動に対する反響ですから。こういうことって普通に生活していたら経験できることではないし、リング上で起こったことがこれだけの人を感情的にさせるんだっていうことに気づくことができたので、自分にとってはプラスになった部分もあったし、悪いことだけではなかったですね。

「武藤さんはプライベートでの食事の際もずっとプロレスの話をされていたんです。それが凄く衝撃的だった」

——プロレスファンの感情をあれだけの熱量でヒートさせたわけですからね。

清宮　もの凄い熱量でしたね。あの時期は自分も毎日フラストレーションを抱えていて、常に自分の中に燃えるものが

GALAXY
VIEW

あったというか。それが外からの熱と合わさって、あれだけ多くの人に届いたんじゃないかと思いますね。

――清宮選手、誹謗中傷紛いのリプライが大量に来て、もしかしてちょっと興奮しました？（笑）。

清宮　ハハハハハ！

――いま、お話を聞いていてその口調から、ヒールがブーイングにエクスタシーを感じるようなことが起こっていたんじゃないかと思ったんですけど（笑）。

清宮　いやいやいや（笑）。これは肯定できることではないので、変にボクが「興奮した」とか本当に言えないんですけど。ボクがSNSでいわゆる炎上をしているとき、先輩方にも心配していただき、いろいろ相談にも乗っていただいたんですよ。そのときに「お客さんは感情的になるものなんだ」「逆にそれが自分たちのやっている仕事なんだ」ということを教えていただいたので、ボクがファンの方々に対して感情的になることもないですし。プロレスラーをやっていく中で、自分がどうしていくべきかっていうことをあらためて考える機会にもなったので、凄くいい学びにもなりましたね。

――一方で、NOAHのファンの人たちだったり、清宮選手の行動に賛同したファンの人たちからの応援のメッセージもたくさんあったんじゃないですか？

清宮　そうなんです。応援のコメントも本当にたくさんいただいて、「自分のやったことに対して背中を押してくれる人もたくさんいるんだな」って、あんなに感じたこともなかったので、凄く助けられましたし、ボクの毎日を生きていくエネルギーになりましたね。

――NOAHのコアなファン以外だと、清宮選手に対して「エリートコースに乗っている若い選手」みたいなイメージも少なからずあったと思うんですけど、あの1・21横アリの一件から「こういう波風を起こすヤツなんだ」みたいなことが知られて、いい意味でNOAHファンの外にも届いた気がします。

清宮　だから、あそこで起こしたことが蹴った蹴らないで終わるのではなく、今後のNOAHでもあれぐらいの熱を巻き起こしていかなきゃいけないと思いますね。

――実際、2・21東京ドームでのオカダ選手との一騎打ちでは「いったいどうなるんだろう？」という空気ができあがりましたからね。

清宮　自分も本当に四六時中オカダ・カズチカのことを考えて、どうやったら振り向くんだろうって、常に考える日々でしたから。

――2・21東京ドームは武藤（敬司）さんの引退の舞台だったじゃないですか。現在の業界トップであるオカダ選手にあれだけ噛み付いたのは、武藤さん引退後、自分が本当の意味でプロレス界の顔のひとりになって、NOAHを引っ張っていかなきゃいけないという思いからでもありましたか？

清宮　そうですね。ボクは武藤さんから本当にいろんなことを与えてもらったので、武藤さんの引退興行で自分の試合が話題になることが恩返しになるとも思ったし、いい形で武藤さんを送り出せるんじゃないかと思ってました。

――安心して引退していただくというか。

清宮　はい。本当に武藤さんにはいろんなことを教えていただき、学ばせてもらって。プロレスのこともプロレス以外のこともそうですし、自分にとっては本当に大きな存在なので。

――武藤さんからは、シャイニングウィザードをはじめとした技まで伝授されているわけですもんね。

清宮　昨年7月（31日）、石川県の金沢大会で直接、武藤さんの技を教えていただく機会がありまして。そのとき「これは俺の技なんだと自信を持ってやるしかない。それでお客さんを納得させるしかないからな」とおっしゃっていただいたんですよ。

――シャイニングウィザードも足4の字固めも、これからは「自分の技」として使えと。実際、武藤さん自身もドラゴンスクリューや毒霧は元祖じゃないのに「俺が元祖だ」みたいな顔をしてやっていましたもんね（笑）。

清宮　本当にそうですね。武藤さん自身が経験されたことをボクにも話していただいて。

――武藤さんは「俺の場合、元祖を超えちゃってるからしょうがねえんだよ」って言っていました（笑）。まあ、それくらいの気持ちで使わないと「自分の技」にはならないんでしょうしね。

清宮　そういうレスラーとしての心構えみたいなものも教えていただきました。武藤さんとは一緒にご飯を食べさせてもらったりもしたんですけど、ボクが驚いたのはプロレスラーって意外とプライベートではプロレスの話をあまりしない方が多いんですけど、武藤さんはプライベートでの食事の際もずっとプロレスの話をされていたんです。それが凄く衝撃的でしたね。

「オカダと闘って経験の違いは感じましたし、日本のプロレス業界のトップの選手というものを思い知らされた」

――リングを降りても、常にプロレスのことを考えているってことですよね。

清宮　武藤さんぐらいの地位を築かれた大ベテランの方が、いまもずっとプロレスのことを考え続けているっていうのが衝撃的で、凄く勉強になりましたね。試合の具体的な話もしてくださるんですよ。「こういうのやったらおもしろいんじゃない？」とか、昔の古い選手の動きなんかもお話しいただいて、「こういうやり方もある」とか、本当に勉強になることだらけでした。

——武藤さん引退後のNOAHはもうスタートしているわけですけど。以前から武藤さんが引退した後が本当の意味でのNOAHの正念場と言われていましたけど、清宮選手はどのような思いがありますか？

清宮　あれだけの影響力のある方なので、今年2月までは武藤さんを観にNOAHに来るお客さんもたくさんいらしたと思うんですよ。そのときは、武藤さんを観に来たお客さんをボクらがどれだけ掴めるかということを考えていましたし、武藤さん引退後は、武藤さんから学んだものを活かしつつ、いまの時代の自分たちにしかできないプロレスをどんどんやっていきたいと思っていますね。

——元日の武道館は、グレート・ムタvsSHINSUKE NAKAMURAがもの凄い話題を呼んでいる中で、セミの清宮さんと拳王選手から、武藤さんにはできない、自分たちのプロレスを見せるっていう意気込みが、試合内容から伝わってきました。

清宮　実際、そういう気持ちはありました。拳王とはずっと試合をしてきて、毎回拳王と闘うときはどこの団体のどの試合にも負けない試合を見せたいという気持ちでやってきたんですけど。それが超満員の日本武道館という舞台で組まれたのであれば、これまでのどの試合よりも熱い闘いを世の中に届けたいと思ってましたね。「これがいまのNOAHなんだ」という試合を。

——武道館の拳王戦はベテラン記者を含めたマスコミの評価も高かったですよ。それを経て、2・21東京ドームではオカダ・カズチカ選手と一騎打ちをしたわけですけど、あらためてあの試合をやってみてどう感じましたか？

清宮　負けた悔しさっていうのがもちろんいちばん大きいんですけど、オカダ・カズチカの強さだけでなく、本当のプロレス界の先頭を走っている選手の器の大きさというものを感じさせてもらいましたね。ボクは「オカダを食ってやる」という気持ちであの日のリングに上がったんですけど、オカダ選手が入場してきた時点で、会場全体の空気を自分の世界として作り上げていたので、その存在の大きさっていうのをリング上で待ち構えながら凄く感じたんです。

——そのへんは、やはり10年以上1・4ドームのメインクラスを張り続けてきた違いを見せられた感じですかね。

清宮　経験の違いは正直感じましたし、「これが日本のプロレス業界のトップの選手なんだな」というのは思い知らされましたね。だから今回は自分がオカダ選手に負けたということはもちろん認めます。でも、あの敗戦の経験もボクはこれ

からの試合で活かしていくつもりですし、「清宮はあの試合から成長したんだ」っていう姿を見せていきます。

――オカダ選手は試合後、「決着はついた」「次はもうない」という発言をしていますけど、清宮選手はそんなつもりはないと。

清宮　つもりはないというか、プロレス界は何が起こるかわからないですからね。絶対にないとは言い切れないし、そこは自分次第じゃないかと思います。

――実際、6月9日に両国国技館でおこなわれる新日本、全日本、NOAHの合同興行『ALL TOGETHER AGAIN』では、6人タッグマッチとはいえ、早くもオカダ選手との再戦がメインで組まれていますしね（棚橋弘至&宮原健斗&清宮海斗vsオカダ・カズチカ&青柳優馬&拳王）。

清宮　「こんなにも早く対戦する日が来るのか」って本当に思いましたし、あのカードを見た瞬間、自分の目にはオカダ・カズチカしか見えていなかったので、もうそこは迷わずいこうと思いますね。

――また何をしでかすんだ、みたいなザワザワした空気が漂ってきましたね（笑）。

清宮　どうなるんでしょうかね、そこは。まあ、楽しみにしていてください（笑）。

――時系列は前後しますけど、今年1月からジェイク・リー選手がNOAHに参戦してきて、3・19横浜武道館ではGHCヘビー級王座を奪われてしまったわけですけど。それも含めて、ジェイク・リーがNOAHに来たことについて、どう感じていますか？

清宮　ベルトを取られてしまったことに対しては悔しいし、申し訳ない気持ちでいっぱいなんですけど、彼という存在がNOAH全体の新たな刺激になっているので、そこは歓迎しています。単純にあれだけ身体が大きい選手は近年NOAHにいなかったし、GLGという新たなチームを作った行動力も感じるし、誰と対戦しても新鮮な闘いが生まれていますから。

「ボクと稲村を筆頭に、ノアの若手で桜庭さんのところに出稽古に行かせてもらっていて凄くいい経験になっている」

――清宮選手とジェイク・リー選手は歳は少し離れていますけど、ジェイク選手が再デビューしてからのキャリアは、清宮選手とほとんど同じなんですよね。

清宮　ボクもジェイク・リー選手のことを調べたとき、「自分と同じくらいのキャリアのトップ選手がNOAHに来るんだ」と思って、そこに関してはうれしさも感じていたんですよ。ボクがいま強く思っているのは、自分たちの近い世代で新たなNOAHを作り上げていきたいということなので。今年の2・12大阪大会で、同世代のジャック・モリスとGHCタイトルマッチができて、ボクは凄くうれしかったんですね。だからジャック・モリスもそうだし、ジェイク・リー選手に対しても、切磋琢磨して新しい時代を作っていきたいという思いがあります。

――清宮選手が本当にトップとして一本立ちするために、自分のユニットを持つような考えはないんですか？　拳王選手やジェイク・リー選手がユニットのリーダーとしてしっかり君臨しているのに対して、清宮選手が本隊として丸藤（正道）選手や潮崎（豪）選手とタッグを組んで、先にコールされているのは見え方もよくないんじゃないかなって。

清宮　自分がトップのユニットというのは、考えていないわけじゃないんですよ。ただ、動き出すにはタイミングが重要だと思うので、いまはリング上でしっかりと結果を出して、お客さんにも「いまの清宮は凄く勢いがあるな」と感じてもらえたとき、動き出したいですね。

――いま、ジェイク・リー選手が盛んに「NOAHの舵取り」という発言をされていますけど、本当の舵取りにならなきゃいけないのは清宮海斗なんじゃないかというファンの思いはあると思うんですよ。

清宮　もちろん、ボク自身もその気持ちを持っていますし、自分がその位置に行くためにも、目の前のことをしっかりと積み上げていかなければいけないと思ってます。

――NOAHのファンの間には、清宮選手への大きな期待感とその裏返しであるじれったさみたいなものがある気がするんですよ。「清宮、真のトップレスラーになって、NOAHを引っ張っていってくれ！」という思いは、多くのファンの中にあると思います。

清宮　そういった声は、SNSなどを通じて日々たくさんいただいていますし、ボクもその気持ちに凄く応えたいんです。でも、それは一足飛びにできることじゃなく、自分で実力と実績を積み重ねていくしかないと思っているので、自分の考えを現実にしていくことで、ファンの方に未来を見せていきたいと思ってますね。

――この前、武藤さんと桜庭（和志）さんの対談をABEMA格闘TIMESでやらせていただいたんですけど、おふたりとも「これからのNOAHは清宮と稲村（愛輝）に期待している」と言っていましたね。

清宮　そう言っていただけるのは本当にありがたいですね。桜庭さんには道場でお世話になっていまして、いまボクと稲村を筆頭にNOAHの若手で出稽古に行かせてもらっているんですけど、みんなにとって凄くいい経験になってるんですよ。NOAHの道場とは違う練習をすることでリフレッシュ

にもなるし、もちろんしっかりとした格闘技術も学ぶことができるので、いい効果だなと思っていますね。

——昨今、清宮選手のグラウンド技術の向上が話題になったりもしていますけど、桜庭さんとスパーリングをやったりもするんですか？

清宮　はい。桜庭さんのチームの人たちだけじゃなく、桜庭さんとも一緒にスパーリングをやらせてもらっています。そして練習後、気になることがあったらすぐ桜庭さんに質問して、そうすると「これはこういうふうにやるんだよ」みたいなことを教えていただけて、それをまた練習で実践させていただく。凄く贅沢な境遇にいるなと思いますね。

「『ALL TOGETHER AGAIN』ではノアの代表としてボクが大会の主役を獲りたいと思います」

——UFCホール・オブ・フェーマーに直接指導が受けられるわけですからね。清宮選手はもともと寝技の技術なんかにも興味があったんですか？

清宮　ありましたね。でも自分の思いとは裏腹に、学生時代に格闘技経験がなくプロレスの世界に入ってきたので、下地がない分、いろんな技術を身につけて強くなりたいと思っていました。そういった意味で、いまの環境は凄くありがたく感じていますね。若手の頃、プロレスの基礎は小川（良成）さんに教えていただいて、身体づくりの部分やレスラーとしての心構えは杉浦（貴）さんに教えていただいて、いまは桜庭さんとスパーリングをやらせていただける環境があって、そういったすべての経験が、今後ボクがＮＯＡＨを引っ張っていくという思いにも繋がっているんですよ。

——しかも、武藤さんからシャイニングウィザードや足4の字固めまで引き継いでいるわけですもんね。それは、もの凄いレスラーにならなきゃいけないですよ（笑）。

清宮　本当にそうなんです。あんまりこういうことを言う機会はなかったんですけど、いまの自分があるのはまわりのいろんな先生たちのおかげなんですよね。小川さん、杉浦さん、桜庭さん、武藤さん、みんなその道のトップじゃないですか。そういった人たちに教えていただき、身につけてきたものを武器に試合で結果を出して、それを若い選手たちにも伝えていきたいと思ってますね。

——このインタビューが載る号が出た直後に『ＡＬＬ ＴＯＧＥＴＨＥＲ ＡＧＡＩＮ』が開催されるんですけど、この大会に関して、清宮選手はどんな思いやテーマを持って臨もうとしていますか？

清宮　今回、ボクにとって初めての『ＡＬＬ ＴＯＧＥＴＨＥＲ』なんですよ。２０１１年に初めて開催されたとき、ボ

クは中学3年生だったと記憶しているんで。

――前回はまだ中3だったんですか!? 清宮選手はいま26歳ですから、12年前だとそうなりますけど。我々おじさんは、前回の『ALL TOGETHER』なんて「ちょっと前」みたいな感覚なので驚きました（笑）。

清宮 中学3年なんで、『ALL TOGETHER』の第1回のときは8月（27日＝日本武道館）だったんでまだよかったんですけど、2回目は2月（19日＝仙台サンプラザホール）だったんで、高校受験の真っ只中でテレビも観られない環境だったので、本当に初めての『ALL TOGETHER』ですね。

――新日本、全日本、NOAHのオールスター戦っていうのは、それぐらい清宮選手にとっても新鮮なんですね。

清宮 だから『ALL TOGETHER AGAIN』の記者会見に棚橋選手、宮原選手と一緒に出させてもらったときも、特別な空気だなと感じましたし。前回の『ALL TOGETHER』を知っている当時のスタッフから、大会の雰囲気なんかも聞いて自分の中でイメージも膨らんでいっているので、いまは凄くワクワクしていますね。

――とはいえ、清宮選手の試合は各団体のトップが集まる6人タッグですから、ほかの選手と比べられるでしょうし、プレッシャーもあるんじゃないですか？

清宮 その部分に関してはNOAHの代表として出るので、ボクが大会の主役を取りたいですね。対戦相手にはオカダ・カズチカがいますし、そこで自分がどれだけ爪痕を残すことができるかが、今後のNOAHや自分自身にも繋がっていくと思うので、この大会の中心を取ろうと思います。

――『ALL TOGETHER AGAIN』から、また新しい何かが始まるかもしれませんしね。

清宮 そうですね。だからこの大会も含めて、今後の俺に期待してください！

清宮海斗（きよみや・かいと）
1996年7月17日生まれ、埼玉県さいたま市出身。プロレスラー。プロレスリング・ノア所属。
三沢光晴に憧れて2015年春、高校卒業後にプロレスリング・ノアに入門。同年12月9日、熊野準戦でデビュー。2017年7月、海外武者修行を敢行する。2018年12月16日、杉浦貴を破りGHCヘビー級王座を奪取。丸藤正道にも勝利して防衛を果たすなど、ノアを新時代到来を告げた。2021年のN-1 VICTORYではベスト4に進出し、武藤敬司との公式戦では30分ドローに持ち込む。2022年、武藤敬司選手の引退ロード第一弾となる7·16日本武道館大会で、徹底した武藤殺法で足攻めを敢行してギブアップ勝ち。2023年1月21日、新日本プロレスとの対抗戦でオカダ・カズチカへの顔面蹴りが大乱闘に発展して因縁を残す。2月21日、ノア東京ドーム大会でのオカダとのシングル決着戦でレインメーカー2連発で敗れる。

プロレスがわかれば世の中が、
そして世界が見えてくる。

斎藤文彦×プチ鹿島

活字と映像の隙間から考察する

プロレス社会学のススメ

司会・構成：堀江ガンツ　撮影：橋詰大地

第40回

業界外有名人プロレス参戦の過去と現在

スターダムの4・23横浜アリーナ大会で、タレントであるフワちゃんのプロレス第2戦がおこなわれ、1戦目に続いてフワちゃんが本気でプロレスの練習をして取り込んでいる姿勢が垣間見えた。

さて、プロレス業界の外側にいる有名人が、プロレスのリングに上がって試合をするようになったのはいつからだったか？

その時代ごとの背景や、時代ごとのプロレスファンの反応の違いも併せて振り返ってみたい。

「プロレス業界の外側の有名人のプロレス体験というのは、ある意味で世界的なトレンドでもあるんです」（斎藤）

——先日、スターダムの4・23横浜アリーナ大会を全試合フミさんの隣の席で観させてもらったんですよ。

鹿島　あー、いいですね！

斎藤　ステージ横に設置されていた机つきの記者席でね。

——女子プロレスにとって約20年ぶりの横アリ大会であり、スターダム旗揚げ以来最大のビッグマッチということで、さすがにこれは観ておかないとなと思いまして。

斎藤　通常の大会ならメインイベントになるようなカードが3つも4つも用意されたスーパーショーでしたね。

——そんな中で、世間的な注目度がいちばん高かったのは、やっぱりフワちゃんのプロレス第2戦だったと思うんです。

鹿島　『行列のできる相談所』（日本テレビ系）でも放送されて。

——そして今年のレッスルマニアウィークでは、かつてジェリー・ローラーと〝抗争〟したアメリカのコメディアン、アンディ・カウフマンがWWE殿堂入りを果たしたということで、今回は「業界外有名人プロレ

ス参戦の過去と現在」というテーマで語っていけたらなと思います。
鹿島　それはおもしろそうですね。
斎藤　プロレス業界の外側の有名人のプロレス体験というのは、ある意味で世界的なトレンドでもあるんです。先日のＷＷＥ『バックラッシュ』というＰＰＶには、いまアメリカでいちばん売れているラッパーのバッド・バニーが、これもいま売り出し中のダミアン・プリーストとシングルマッチで対戦した。ふたりは共にプエルトリコ出身で『ロイヤルランブル』だったか『レッスルマニア』だったかで再会シーン的なストーリーがあって、そのあと仲間割れがあって、今回の『バックラッシュ』はプエルトリコのサンファンでの開催ということもあって、このふたりの一騎討ちが注目カードとして組まれた。
鹿島　ご当地のスター同士であるラッパーとプロレスラーが、プロレスの試合をしたわけですね。
斎藤　バッド・バニーは2年前に『ロイヤルランブル』に出たときもみんなが、みんなというのはＷＷＥスーパースターもＷＷＥユニバースも感心するくらいの動き、まったく不自然ではないプロレスの動きを見せていた。試合に向けて何週間も前からフロリダのパフォーマンスセンターでは練習生たちに混じって練習を積んでいたし、この人は自分のツアー中もＷＷＥのレプリカベルトを肩からぶらさげて空港の中を歩きまわるほどのプロレスファンなんです。
鹿島　それくらいプロレスが好きで、本気で取り組んでいるんですね。
斎藤　凄いなと思ったのは、今回はカナディアン・デストロイヤーという難度の高い回転式パイルドライバー（※ＰＰＶ実況ではバニー・デストロイヤーとコールされていた）で、〝シロウト〟のバッド・バニーがプリーストから完璧なフォール勝ちをとったところです。いままで芸能人が試合に出場しても、フォールには絡まない感じという、何かそういう不文律みたいなものがあったけれど、バッド・バニーの場合は堂々とプランチャをやったり、非常に器用に大技をバンバン決めたりして、最後はバッド・バニーがフォール勝ちしてもまるで違和感がなかった。これがいまの時代のプロレスなのかなという感覚、感触があるんですね。
――そう考えると、ＷＷＥはやはりエンターテインメント的な振り切れ方が日本より一歩進んでますね。今回、フワちゃんは「初勝利なるか?」がテーマでしたけど、勝てませんでしたもんね。
斎藤　フワちゃんが真剣にプロレス（の練習に）取り組んでいたのはたしかなんでしょうけれど、やっぱり本業のレスラーたちはやっぱりどこかで線引きをするでしょう。今回、林下詩美が試合中は受けに回る場面もあったけれど、最終的にはめちゃくちゃ厳しいジャーマンでフワちゃんからフォールを獲った。そのワンシーンに「やっぱレスラーはすげえ」っていう部分をちゃんと残していました。
鹿島　だけどＷＷＥは「これだけの動きが

できるバッド・バニーすげえ」という方向に振り切っているわけですね。

斎藤　きっと、そうなのでしょう。フィニッシュのカナディアン・デストロイヤーっていう技は、どちらかと言えば〝飯伏幸太世代〟を象徴するような技で、そのフォームだけを見ると超アブナイ技の代表です。

――回転エビ固めみたいな高速パイルドライバーですよね。高度なんだけど、どこか技をやられる側と息を合わせて決めているように見えて、昭和のファンがモヤモヤしがち系な技（笑）。

鹿島　武藤（敬司）さんが言うところの「フィギュアスケートのダブルス」みたいな技ってことですね（笑）。

斎藤　だからオールドファッションな感覚のファンからすれば、「殺陣じゃないんだから」「カンフー映画じゃあるまいし」という思いがあるんでしょうけど、すでに成立しているものをわざわざ否定することはないかなとも思います。

「ゆずぽんはどんなジャンルでもやるからには極めていく感じの人ですね。プロレスも観客に伝わってくるものがあった」（鹿島）

鹿島　この間、NHKで『シン・仮面ライダー』の製作ドキュメントをやっていて、アクションシーンで庵野秀明監督が「殺陣じゃないんだから」っていうことにずっとこだわっていたんですよ。

斎藤　殺陣じゃないんですか？

鹿島　いや、殺陣なんですけど、「殺陣すぎるのはダメだ」「本当の殺し合いの殺気がほしい」って言っていて、それは昭和のプロレス心みたいなものなのかなって。あれはちょっと痺れましたね。「綺麗に見えすぎても観客の心を動かせない。殺し合いのシーンなんだから」って敢えてイレギュラーな部分を求めていたので、なるほどなと思って。「綺麗に見えすぎるのは嫌だ」っていう庵野監督のこだわりは、それこそ昭和プロレスですよね。庵野監督がプロレス好きかどうかは知らないですけど。

斎藤　それはいろんなことに言えるのではないでしょうか。あまりにも手品っぽく見えちゃう手品は手品らしくない。不思議じゃないとダメというのと同じで。

鹿島　「殺陣のための殺陣」に見えるっていうのはダメっていう理屈はわかるけれど、プロの殺陣師はそれでずっとやってきたから、やっぱり戸惑いの様子が現場では見えるわけですよ。それをドキュメントでやっていておもしろかったです。

――猪木さんが、若い選手に要求するプロレスに近いものを感じますよね。

鹿島　そのプロレス殺陣論みたいなものは、武藤さんがフワちゃんのデビュー戦を観たときの感想でも語っていたじゃないですか。

――言っていましたね。「フワちゃんのデビュー戦は、見た目はほかのタイトルマッチとかと変わらない。ということは、素人でもそれができるようになるシステムができあがっている」と。そして「俺たちの時代は、どんな相手とでも試合ができるヤツが〝グッドワーカー〟と呼ばれたけど、これからはプロデュースされたものを完璧にこなすことが〝グッドワーカー〟になるんじゃないか」っていう。庵野監督が求めるものとは逆で、いまのプロレスは殺陣を完璧にこなすことが求められつつあるってことですよね。

鹿島 前にも少し語りましたけど、その見立てを聞いて、ボクは昭和の『新春かくし芸大会』を思い出したんですよ。それはネガティブな意味じゃなくて、『かくし芸大会』っていうのは「売れっ子のタレントが忙しい合間にこれだけ真剣に練習してきた」っていうプロセスも見せて、しかも本番で成功するかどうかわからないスリリングさもありながら、最後は見事に達成することで視聴者が感動するじゃないですか。

——ある種のリアリティショーになっているんですよね。

鹿島 それがネタになっちゃって、「マチャアキはいつからかくし芸の練習を始めてるんだ?」みたいに言われたりもしたけど(笑)。

——来年の正月のために、もう年始から練習を始めてるんじゃないか、みたいな(笑)。

鹿島 だけどタレントが本気で取り組んでいるからこそ、視聴者も熱心に観た。それと同種のものをフワちゃんのプロレスからも感じましたね。

——『新春かくし芸大会』もその道のプロがコーチや先生として熱心に教えて、タレントと共同作業で本番当日を迎えますけど、スターダムの選手たちがフワちゃんの練習熱心さを認めて、後押ししているような感じが見てとれましたよ。

鹿島 スターダムって、そもそも初期のスターであるゆずぽん(愛川ゆず季)が凄かったですよね。彼女ももともとタレント、グラビアアイドルじゃないですか。

斎藤 ゆずぽんのプロレスデビューは、もともとテレビ番組の企画で1試合だけの予定だったんですね。でも、ゆずぽん自身が「やるからにはちゃんとやりたい」と言って、旗揚げ前のスターダムはまだ道場がなかったので、新木場のリングを昼間使わせてもらって合同練習をしていたのですが、ゆずぽんは自分の意思で毎日練習に来るようになった。そうやって取り組んでいくうちに「1試合だけっていうのももったいない」ということになって、タレント活動を続けながらプロレスも本格的にやることになった。

鹿島 タレントがリングに上がるんじゃなく、本職のグラビアアイドルであり、本職のプロレスラーでもあるという形になったわけですね。

斎藤 いまのゆずぽんを知っていますか? 彼女はプロレスから引退後、結婚してお母さんになって、子育てをしていたんですが、いまは体重を15キロくらい絞ってキレッキレのボディビルダーになっているんです。やっぱり彼女はモチベーションが高い人なんだなってつくづく思います。

鹿島 どんなジャンルでもやるからには極めていく感じですね。ボクもゆずぽんはすげえなと思っていて、初期のスターダムはよく観に行っていたんですけど、彼女の試合中の表情がよかったんですよね。やられているときの顔とか。なんかジャイアント馬場さんを思い出すような、観客に伝わってくるものがあって。

斎藤　プロレスラー時代のゆずぽんの特徴は、一緒に練習することはあっても、ほかのレスラーたちと群れて一緒に遊びに行ったりすることはいっさいなかった。本人から聞きました。「自分は違う」っていう意識はもちろんあったんだろうけれど、それだけではなくて、「試合をやるから友達付き合いはしない」みたいな心構えですね。

鹿島　ああ、いいですね。

斎藤　きっとほかの人たちは、彼女の目にはみんな仲良しこよしに見えちゃったのでしょう。闘いが本当っぽく見えなくなるのが嫌だという感覚、こだわりもあったと思う。プロレスラーとしての活動期間は約2年間で意外と短いんですけど、東スポ「プロレス大賞」の女子プロレス大賞を2年連続で獲っている。

「自己表現のひとつの手段としてプロレスを選択するというのは、男子にはあまりない、女子プロレスならでは世界観ですね」（斎藤）

――ゆずぽんがやったような、「芸能人のプロレス体験」を超えた、2、3年本気で取り組むっていうのが、その後のアイドルやタレントのプロレス活動のフォーマットになったかもしれないですね。いま東京女子プロレスにいるSKE48の荒井優希もそうだし、スターダムも東京女子も元アイドルがたくさんいますもんね。

斎藤　わりと多いですよね。たとえば引退したひめかもともとは秋葉原の地下アイドルだったでしょ。

鹿島　プロレスをやることが特別なことではなくて、表現する場がひとつ増える感じなのかもしれないですね。

斎藤　ひとつの自己表現の手段としてプロレスを選択するというのは、男子のプロレスにはあまりない、女子プロレスならでは世界観ですね。

鹿島　男子だと90年代初頭の話になりますけど、ボクの中では中牧昭二さんが凄くインパクトがありましたね。あれも有名人からのプロレス転向っていう（笑）。

――有名人と言っても芸能人ではなくて、〝ワイドショーの有名人〟ですからね（笑）。

鹿島　単なる運動具メーカーの社員ですから（笑）。それが桑田真澄の登板日漏洩を告発したことで、ある種、時の人になって。

斎藤　いわゆる暴露本（『さらば桑田真澄、さらばプロ野球』）を出版して、社会であれだけバッシングを受けて、どこに行ってもブーイングを喰らっていた人が、意外にもプロレスでは支持を得て、それなりに人気者になった。

――プロレス入りしようとしたときは、ファンからの拒絶反応がもの凄かったですけどね。

鹿島　話題作りの極地みたいな感じじゃないですか。

――そもそも最初はFMWじゃなくて、SWSですからね。

斎藤　あっ、そうか。ＳＷＳには入れなかったんでしたよね。

――ＳＷＳの入門テストに落ちたんですよ。実際は週プロが「ＳＷＳは中牧なんかを入れるのか」って叩いて、ファンの反発がもの凄くなったから入門がなくなったんじゃないかと思うんですけど（笑）。

鹿島　もともと週プロ読者にはＳＷＳアレルギーがあって、そこに中牧昭二だから、さらに叩く要素が生まれちゃって（笑）。

――それでＦＭＷに行くんですけど、やっぱり大仁田厚がうまいのは、中牧を入れるのは裏では決まっていたんでしょうけど、すんなりと入れたらプロレスファンが許さないのをわかっているから、中牧が何度も頭を下げても最初は「ふざけんな！」って門前払いにするんですよ（笑）。

鹿島　あ〜、たしかにやっていましたね（笑）。

――何度目かでようやく練習生になれるんですけど、丸坊主の中牧に会場の片隅でメインが終わるまでスクワット３０００回やらせたりして、ボロボロになる姿を客前に見せるんです。

鹿島　そうそう。やってた、やってた。鮮明に思い出してきた。その物語がありましたね（笑）。

――途中から大仁田が涙ながらに中牧をぶん殴ったりして（笑）。

鹿島　それがのちの大仁田・真鍋劇場になるわけですよね（笑）。

――そして最終的には、メイン終了後に群がるファンの前にボロボロの中牧を連れてきて、大仁田が泣きながら「36歳の男がイチからやり直すって言ってんだ。応援してやってもいいじゃねえか！」って訴えて、大「中牧」コールになるという（笑）。

鹿島　最高ですね（笑）。で、それを週プロとか1週間のターンで見るからいいんですよね。これもまた「過程」を見せているわけだから。ある意味で、誌面を通じたリアリティショーであり、『新春かくし芸大会』と一緒ですよ。

斎藤　大仁田厚はそうやって誌面を通じて、中牧昭二のある意味での〝懺悔〟の姿を見せることで、ファンを本気にさせ、それを現実として受け入れさせた。

鹿島　で、一度受け入れたらプロレスファンはやさしいですから。「ふざけんな！」「帰れ！」だったのが大「中牧」コールになっちゃって（笑）。

斎藤　ＩＷＡジャパンに移った頃は、もう支持率がかなり高かったですもんね。

――ＩＷＡジャパンは外国人は豪華でしたけど、日本人選手が手薄だったからエースみたいになっていましたもんね。インディーの中ではガタイがいいし、もともと学生時代はアメフトの選手だから、じつはほかのレスラーより運動神経もよかったりして（笑）。

鹿島　だから有名人のプロレス参戦では、いかにプロレスファンのアレルギーを取り除くかが大事でしたよね。

斎藤　そのプロレスファン気質も80年代・90年代までと、インターネットが生活必需品になったミレニアム以降の世代ではまるっきり違っていると思うんですね。2000年代後半、厳密にいえば2004年から2009年の5年間、ハッスルを観ていた層がいて、それからさらに15年後のいまはSNSを使ったり、参加したりしながらの情報処理が当たり前の世の中で生きているプロレスファンがいるわけですから。

「団体よりもテレビ局のほうが力が強いという、テレビコンテンツとしてプロレスを考えるとわかりやすいですね」（鹿島）

――80年代は、あの人気絶頂のビートたけしでさえ、TPG（たけしプロレス軍団）のときにあれだけ拒否されたわけですからね。

斎藤　いま思えば35年前の大事件で、あれも猪木さんとたけしさんがリング上で睨み合うような展開だったら少しは違っていたかもしれないけど、最初にプロレスファンの前で矢面に立ったのがダンカンとガダルカナル・タカだった。彼らの勉強不足もあって、御大のたけしさんが来る前からプロレスファンは完全に「NO」の答えを出してしまっていた。

――たけしさんも勘が鋭い人だから、「これは俺にとって絶対に損な流れだぞ」っていう空気を感じて、年末の両国を迎える前からTPGに興味を失っていた感がありましたからね（笑）。

斎藤　それは完全に察知していたでしょう。だから両国のリングに上がったときも、何か特別な動きをするわけでもなく、そのままメインも観ないでさっさと帰ってしまった。

鹿島　あのたけしさん登場というのは、テレ朝としても視聴率が低迷していたプロレス中継のテコ入れみたいなのがあったんでしょうね。

――いまだったら有名な芸人さんが登場したら大歓声でしょうけど、80年代はそれぐらい部外者に対するアレルギーがあったんですよね。

斎藤　そもそもプロレス自体が差別を受けてきたジャンルだから、部外者を拒絶するというのは、ある種の防衛策でもあったんだと思います。

鹿島　同じ時代にWWEでは第1回『レッスルマニア』のメインにミスターTがハルク・ホーガンとタッグを組んで出場しましたけど、日本のファンからすると「あれは別物」みたいな感じでしたよね。

斎藤　ファンだけじゃなくて、日本の専門誌の論調も「あんなもの」だったんです。カードはハルク・ホーガン&ミスターT vs ロディ・パイパー&ポール・オンドーフで、ミスターTは3回くらいしか試合に入ってきていないんです。ミスターTとパイパーによる張り手合戦があって、怒ったミスターTがパイパーにボディスラムをするぐらいで。だから、いまのタレントさんが試合に出場するシチュエーションよりもはるかに少なめな登場の仕方だったんです。

鹿島　それはアメリカのファンにもアレルギーがあって、映画俳優がリングに上がることがタブーだったりしたんですか？

斎藤　タブーというか、プロモーターがそれを嫌った部分もありました。じつはミスターTは『特攻野郎Aチーム』が始まった頃、人を介してバーン・ガニアのAWAに話を持っていったことがあったらしいんです。ところがガニアはオールドファッションだから「レスリングのビジネスはそういうものじゃない」って一蹴しちゃったんですね。そうしたらビンス・マクマホンのほうで「ぜひやりましょう！」っていうことになった。

鹿島　じゃあ、ガニアがもしOKしていたら、『レッスルマニア1』でホーガンとミスターTという『ロッキー3』コンビは実現してなかったかもしれないんですね。

斎藤　『レッスルマニア1』の前年の1984年までは、プロレスは基本的にはローカルテレビで観るローカル番組だったんです。だからローカルなスターさえいればよかったんだけど、ビンスは全米放送のケーブルテレビを使って世界侵略をスタートさせたので、全米レベルのスターが必要だったってことでしょう。

──猪木さんの言う「環状線理論」のアメリカ版みたいなもんですね。

鹿島　『レッスルマニア』がスタートした頃、日本では輪島（大士）さんが全日本プロレスに入団したんですよね。相撲からプロレスっていうのは黄金パターンですけど、輪島さんの場合は有名すぎて、あれも業界外有名人の最たるもののひとつで。

──当時は元・横綱のプロレス転向すら否定されていたんですよね。「38歳で転向なんて、プロレスをナメてる」みたいに言われて（笑）。

鹿島　いま考えると、38歳ってまだ全然若いじゃないかっていう（笑）。

斎藤　ただ、輪島さんの場合、お相撲の辞め方がとってもダークで、単なる借金問題ではなくて、売ってはいけない花籠の年寄名跡をギャンブルでできた借金の担保に入れてしまったり、奥さんの自殺未遂事件などもあって、もの凄くスキャンダルな話題が多い人だった。

鹿島　散々ワイドショーで騒がれましたもんね。だから実績こそ元・横綱だけれど、話題的には中牧昭二側というか（笑）。

──のちの『ハッスル』の和泉元彌とか泰葉みたいな、ワイドショーの登場人物という（笑）。

斎藤　全日本に大物ルーキーが入団すると、それまではアマリロのファンクスのところに送られて1年近くしっかり修行を積んでから日本デビューでしたよね。でも輪島さんの場合、セントルイスのパット・オコーナーのところに送られて、短期間でさくさくプロレスを教わったっていうのもコアなファンにとっては嫌だったんです。

鹿島　全日本は、輪島さんでゴールデンタイムの放送を盛り上げようとしていましたよね。

──だから輪島プロレス転向は、全日本というより日本テレビ主導なんですよね。『全日本プロレス中継』は1985年10月にゴールデンタイムに復帰したけれど、思ったほど視聴率が取れなくて、野球シーズンが終わる1986年の秋は、ゴールデンタイムを死守するためにも視聴率がほしいから、短い準備期間で輪島をデビューさせなきゃいけなかったという。

斎藤　テレビ的な発想で言えば、〝輪島のプロレス転向〟は1回なら確実に数字は取れますよね。

鹿島　テレビコンテンツとしてプロレスを考えるとわかりやすい。

斎藤　その頃はもう日テレの取締役だった松根（光雄）さんが全日本の社長として出向してきていたんです。

鹿島　団体よりもテレビ局のほうが力が強いという。

斎藤　たとえば放映権が当時で1放送分で1500万円とすると、1カ月で6000万円、年間だと7億円くらいを日テレが全日本に払っていた計算になるので、興行成績以上に日テレからおりてくる放映権料をエンジンにして全日本という大きな列車を動かしていたと思うんですね。だからそれはNOとは言えないですよね。

「アメリカの場合はヒールに対してモノを投げたり本気で怒ったりして、それがプロレスのアイデンティティのひとつだった」（斎藤）

――アメリカでも、ミスターT以前に有名人のプロレス参戦というのはあまりなかったんですか？

斎藤　やはりいちばん知られているのは、ジェリー・ローラーとアンディ・カウフマンの因縁ドラマですね。あれがおこなわれたのは1982年なので、そのニュースが全米に知られていくスピードは遅くて、「テネシーで有名なプロレスラーのジェリー・ローラーと人気コメディアンのアンディ・カウフマンが決闘して、パイルドライバーという技でカウフマンが大ケガしたらしいよ」っていうストーリーが昼間のワイドショー番組、タブロイド版の新聞や雑誌によって徐々に知られていくという流れでした。

鹿島　当時はテネシーローカルでの有名な出来事だったんですね。

――ボクはちょっと不勉強で、今回WWE殿堂入りするまでアンディ・カウフマンとジェリー・ローラーの件はよく知らなかったんですよ。それで調べてみたら、『マン・オン・ザ・ムーン』というカウフマンの伝記映画で、ジェリー・ローラーとの抗争の模様がたっぷりと割かれてるんですよね。あれはおもしろかった。

斎藤　ジェリー・ローラーが、ローラー本人役で出てきますよね。ボクはあの映画の日本版DVDのライナーノーツを書きました。カウフマンは日本では知名度が低いから、それをわかりやすいように。でもアメリカでは名前を言っただけでみんながすぐにわかるくらいのメジャーなコメディアンで、映画ではジム・キャリーがカウフマンを演じた。

――日本で言うと志村けんみたいな感じですか？

斎藤　そこまでビッグではないかもしれないけど、『タクシー』というシチュエーションコメディの人気番組をずっとやっていたので、凄く有名なんです。

——ボクは映画『マン・オン・ザ・ムーン』でローラーvsカウフマンを観て、「これこそプロレスだな」と思っちゃいましたね。もともとカウフマンは「観客を本気で怒らせるコメディ」というものをやりたいという思いがあったけれど、それをバラエティ番組でやると、苦情が殺到するだけでコメディとして成り立たなかった。それで悩んでいたとき、自分が子どもの頃から好きだったプロレスを思い出して、「俺はこれをやりたい！」って思ったという。

斎藤　アメリカの場合、お客さんはヒールに対してモノを投げたり、本気で怒ったりして、それがライブショーとして成立してきた。プロレスのアイデンティティのひとつですね。

——それでカウフマンは自分のショーの中で、プロレスを取り入れるんですよね。でも屈強な男と闘ったら勝てないから、女性蔑視発言をバンバン言って、怒った女性客をリングに上げて組み伏せてピンフォール勝ちを続けるわけですよね。

鹿島　いまではまず無理な、いわゆる炎上商法ですね。

斎藤　完全なヘイトです。

——カウフマンは「世界無性別級レスリングチャンピオン」を名乗って、自らが賞金首になって女性相手に連戦連勝。なんでも400戦無敗を誇ったらしいですから、早すぎた卑怯なヒクソン・グレイシーなんですよ（笑）。

鹿島　勝てば勝つほど憎悪を煽る（笑）。

——でも、そういうヒールは最後にコテンパンにやられて、観客の溜飲を下げなきゃいけませんから。そこで登場するのが本物のプロレスラーである〝南部の帝王〟ジェリー・ローラーなんですよね。

斎藤　ローラーがテレビ番組で「俺がこらしめてやる」って言って、実際にメンフィスのアリーナで試合が実現するんです。そこでジェリー・ローラーがやっぱり昔のレスラーだなって思うのは、ＹｏｕＴｕｂｅにフルレングスの試合映像があったら観てほしいんですけど、コメディだと思ってカウフマンがヘッドロックにいったら、ローラーはいきなりバックドロップをやっちゃった（笑）。

鹿島　凄いですね（笑）。

斎藤　防ぎようがないバックドロップね。カウフマンは1発で大の字なんだけど、なんとか我慢して立ち上がって試合を続けて、最後はパイルドライバー。テネシーでは即反則負けになる技で、やられたほうは絶対に担架で運ばれるんです。パイルドライバー神話があるから。

鹿島　それぐらい危険な技っていう共通認識がテネシーの観客にはできあがっているんですね。

斎藤　だからカウフマンはそれ1発で失神。担架で運ばれて病院送りになって、その後、テレビ番組に出るたびに何カ月も大きなコルセットを首に巻いて出てきた。あれはあれで凄い話というか、用意周到なアフターのストーリーでした。

——実際はジェリー・ローラーはプロフェッ

ショナルだから、パイルドライバーで首にケガなんかさせてないし、ふたりの抗争自体がエンターテインメントだったわけですけど。その事実はカウフマンの死後、『マン・オン・ザ・ムーン』で映画化されるまで伏せられていたっていうのがいいですよね。

鹿島　それぐらい人々に信じ込ませていたわけですか。

斎藤　試合後、ローラーとカウフマンは、アメリカの有名なトーク番組『デイヴィット・レターマン・ショー』に一緒に出演したんです。それは日本で言えば、地上波のプライムタイムで久米宏さんみたいな有名な司会者がやっている番組なんだけど、そこでローラーとカウフマンはまたしても大喧嘩を始めちゃったんです（笑）。

鹿島　そういう番組じゃないのに（笑）。

斎藤　そのとき、カウフマンが放送できないようなことをバンバン言って、ピーピーピーって音が被せられることによって、視聴者はみんなこれがシュートだと感じたんです。

「現代は有名人がリングに上がるというより、ちゃんと〝プロレスラー〟と呼べるようになった人が上がっているということですね」（鹿島）

――それも含めて全部プロレスだったというのが凄いですね。

斎藤　ファンや視聴者がそれをあえて信じることで楽しんでいた部分もあったと思う。やっぱり信じることは大切というか、どこかに信じられる部分がなければならない。英語では「サスペンション・オブ・ディスビリーフ」と言って「不信の棚上げ」と訳されている言葉があるんですけど、それはひょっとしたら信じるに値しないことかもしれないけれど、その信じられない気持ちにいったんカギをかけて、それを棚上げし、まず信じる気持ちをもってそれに接してみること。

鹿島　なるほど。それってプロレスを観る上で基本的なことじゃないですか。ボクらも子どもの頃、「なんでロープに振ったら返ってくるんだろう？」とか「おかしいな？」と思うことはたくさんあったけど、とりあえずそれは置いといて熱狂していましたからね。

斎藤　要するに「わかったと思って観ることが、いちばんわかっていないこと」という感じじゃないですか。

鹿島　そうですね。知ったかぶりがいちばん何もわかってないという。

斎藤　信じないという心はひとまず横に置いておいて、とにかく純粋に観ましょうと。そして最後まで種明かしをしなかったから、80年代にあったある神話は守られた。やっぱりカウフマンが闘った相手がローラーだからよかったんです。ローラーはテネシーのアントニオ猪木ですからね。

――カウフマンがパイルドライバーで失神して、ストレッチャーで運ばれて病院送りにされ、それが大きく報道されたのなんて「舌出し失神事件」みたいなもんですよね（笑）。

斎藤　猪木さんのデビュー30周年記念大会で、猪木さんとタイガー・ジェット・シンが初タッグを結成するまで、ふたりの関係ってミステリーに包まれたままだった。1973年の新宿伊勢丹前襲撃事件以降、特に70年代はずっとふたりの因縁はリアルだとプロレスファンは信じていた。ローラーとカウフマンもテネシーという特殊なプロレス風土の中で、それをやったんだと思います。

鹿島　いや〜、信じ込ませるっていうのは本当に大事ですね。

――もともと有名人、芸能人をプロレスのリングに上げることへのアレルギーがあったっていうのは、そういうプロレスの秘密を外部の人間が知ることに対する警戒感みたいなものもあったんですかね？

斎藤　プロレス村的にはそれは凄くリスクのあることだったのかもしれない。プロレスのリングなのに、プロレスラーよりも芸能人のほうが注目されるというか、そっちが主役になることに観る側のアレルギーがあったと思うんです。ボクなんか、特に2000年代に入ってからの『ハッスル』に対しては、「そんなに芸能人をありがたがってなんなの？」「タレントひとりが導き出す光よりも、プロレス全部が下になってるの？」っていう違和感が凄くあった。

――天龍さんをはじめ、川田利明、橋本真也という日本のトップが揃いながら、もっとも目立つのは芸能人という。

鹿島　芸能人主体の中に、天龍さんら〝本物〟が混じっている感じもありましたよね（笑）。

――ただ、当時は日本のプロレス暗黒時代で、ストロングスタイルを標榜していた新日本はどん底で。総合格闘技の急速な広まりによって、それとは違うプロレスのあり方が問われていた時期で、『ハッスル』っていうのは日本でエンターテインメント的な要素が許容される地ならしをしたと思うんですよ。

鹿島　たしかに地ならしはあったかもしれないですね。観る側の免疫というか。

――もちろんDDTが長年やってきたことや、マッスルなんかもあったり、WWEが普通に観られるようになったことも含めて、芸能人が出場したり、エンタメ要素が強いプロレスでも受け入れられるようになったんだろうなと。

斎藤　『ハッスル』に出ていた芸能人は、試合のクオリティとしてプロレス、プロレスラーと呼べるレベルではない人がほとんどだった。でも、いまWWEのリングに上がっている人たちは、YouTuber上がりのローガン・ポールにしても、バッド・バニーにしても、観る側の世代によっては現在進行形のもの凄い有名人なんだけれど、彼らはWWEのレベルの中で違和感なくプロレスをやっているんです。それはもうWWEがパフォーマンスセンターで徹底的に彼らを指導して、プロレスラーとして合格点が出せるレベルにしてから試合に出しているから。

鹿島　有名人がリングに上がったというより、ちゃんと「プロレスラー」と呼べるようになった人が上がっているということですね。

斎藤　パフォーマンスセンターで完璧になるまで練習をさせて、演目として抜かりのないものにしてから見せているわけだし、そもそもネット世代のプロレスファンは誰も「そんなヤツらを出すな！」とは言わない。

鹿島　それは今回のフワちゃんも同じですよね。

斎藤　そうだと思います。フワちゃんも付け焼き刃でプロレスの真似っこをしているのではなくて、ちゃんと試合をやっているし、スターダムの選手と一緒に練習して試合の日を迎えている。プロの舞台に上がるっていうのはそれが当たり前だと思うんです。楽器も弾けない、歌も歌えない人をバンドに加入させて、ライブに出さないでしょう。

鹿島　そりゃそうですね（笑）。

斎藤　そういう意味ではいま、芸能人、有名人に対して「神聖なリングに上がってくるな！」みたいなロジックはなくなったと思います。でも、それはなし崩し的になんでもOKになったというわけではなくて、有名人であってもクオリティが高いものを見せられなければ上がれない舞台、そういうステージの高い場所になった。それが現代の、少なくともメディア的にメジャーなプロレスなんだと思います。

プチ鹿島
1970年5月23日生まれ、長野県千曲市出身。お笑い芸人、コラムニスト。大阪芸術大学卒業後、芸人活動を開始。時事ネタと見立てを得意とする芸風で、新聞、雑誌などを多数寄稿する。TBSラジオ『東京ポッド許可局』『荒川強啓 デイ・キャッチ！』出演、テレビ朝日系『サンデーステーション』にレギュラー出演中。著書に『うそ社説』『うそ社説2』（いずれもボイジャー）、『教養としてのプロレス』（双葉文庫）、『芸人式新聞の読み方』（幻冬舎）、『プロレスを見れば世の中がわかる』（宝島社）などがある。本誌でも人気コラム『俺の人生にも、一度くらい幸せなコラムがあってもいい。』を連載中。

斎藤文彦
1962年1月1日生まれ、東京都杉並区出身。プロレスライター、コラムニスト、大学講師。アメリカミネソタ州オーガズバーグ大学教養学部卒、早稲田大学大学院スポーツ科学学術院スポーツ科学研究科修士課程修了、筑波大学大学院人間総合科学研究科体育科学専攻博士後期課程満期。プロレスラーの海外武者修行に憧れ17歳で渡米して1981年より取材活動をスタート。『週刊プロレス』では創刊時から執筆。近著に『プロレス入門』『プロレス入門II』（いずれもビジネス社）、『フミ・サイトーのアメリカン・プロレス講座』（電波社）、『昭和プロレス正史 上下巻』（イースト・プレス）などがある。

満を持して
スターダムのリングに
舞い降りた!!
はたしてターザンは
安納サオリを
定義できるのか?

ターザン・バイ・ターザン番外編

絶対不屈彼女
安納サオリ
絶対不能大将
ターザン山本

「SとMどっちかって、なにその質問!(笑)。
うーん……でも我慢している姿を見るのは好きですね」
「ボクが興味あるのはキミだけだよ。
キミのことが大好きだからどうだっていい。
何をされてもいい」

収録日:2023年5月1日
撮影:タイコウクニヨシ
試合写真:©STARDOM
構成:井上崇宏

TARZAN BY TARZAN EXTRA EDITION

「普段の生活は地味かも。外にも出歩かないし、友達もあまりいないし、お酒も飲まないんですよね」（安納）

安納　ターザンさん、ご無沙汰してまーす！　ご自宅におじゃまして以来ですね。

——ちょうど3年前にターザン邸で『イケナイ自粛警察』というセクシー特写をやりましたね（笑）。おふたりはあのときが初対面で。

安納　そう。今日、こうしてまたふたりの関係を再開することができてうれしいです（ニッコリ）。

山本　え、ええっ……？　と、突然、何を言い出すんだよ、キミは……。

——挨拶です。

山本　いきなり仕掛けてくるとは……。時計の針がふたたび動くねえ！

安納　ツイッターでターザンさんが私のことをよくつぶやいてくださっているのは見かけています。横浜文体での試合で私が血だらけになっている写真を見て「ジャンヌ・ダルクだ！」みたいなのとか（笑）。

山本　ボクはずっとキミを見てるねえ。

安納　うれしい～！

山本　ボクはさ、安納サオリというフィクションをずっと追っかけてるんよ。でも今日のキミの姿は非常に素というか、フィクションとはまるで違うじゃないの。そこにまずビックリしたよ。

安納　私、プロレスをやっているときとギャップがあります？

山本　めちゃくちゃありますよぉ！　それは今日、俺と会うから素で来てくれたん？

安納　もちろんですよ（ニッコリ）。

山本　（無言でスクッと立ち上がり、またすぐに椅子に座る）

安納　どうしました？

山本　あのね！　本来はフィクションじゃない部分は必要ないんですよ。でもボクももちろん男だから、安納さんの素顔とか等身大の部分に興味はある。日常からリングへと向かうときの化け方でプロとしてのエッセンスが決まるわけですけど、安納さんの場合はそのギャップがもの凄く飛躍しているんよ！　今日はそれがおもしろかったねえ。どうもありがとう！

安納　あれ、もう終わっちゃった（笑）。

——山本さん、ふわふわしないでください（笑）。

山本　いやいや、間違えたんよ。終わりませんよ。リング上ではあんなに華やかなわけだけど、意外と普段の生活や行動は地味なの？

安納　あー、地味かも。あまり外にも出歩かないし、友達もあまりいないし。お酒も飲まないんですよ。

山本　ええっ？　お酒は飲まない、友達はあまりいない、ほとんど家にいる？

安納　はい。家にひとりでいるのが大好きなので。

山本　ははあ。ぺ、ペットはいるんですか？

安納　ペットは飼っていないですね。

山本　いいねえ。ボクはね、女性がペットを飼っていると聞いた瞬間に交際を全面ストップするんですよ！

安納　えー、なんでですか？

山本　だってその女性はペットを愛しているわけで、ボクを愛しているわけじゃないでしょ。その時点でボクはそのペットとの関係性に非常に嫉妬するわけですよ。要するにボクとの一点交際であってほしいんですよ！

安納　動物に嫉妬しちゃうんだ。

山本　ボクとの関係のみに集中させたいから、ネコちゃんとかがいると嫌なんよ。あと女性には「実家なの？　ひとり暮らしなの？」ってことはかならず聞くわけですよ。そこで実家暮らしだと聞いたら、その時点でボクは交際を全面ストップするね！　シャッターをおろす！

安納　実家暮らしもNG？

山本　だって実家暮らしだったら、門限とかいろいろあって自由が利かないわけじゃないですか。バックにお父さんだって見えるしさ。その時点でボクはもう付き合うのをやめるさ。だからペットのいないひとり暮らしをしている安納さんは合格ですよ！

――山本さん、今日はパパ活の面接じゃないですからね（笑）。

山本　非常にグッドネス。

安納　ターザンさんって厳しいんだなあ。

「キミは眼力も凄くて油断ができないね。さっきからその眼でボクのことをずっとチェックしてる……」（ターザン）

山本　それと安納さんは滋賀県出身だよね？

安納　あっ、そうです。大津です。

山本　ボクは隣の京都に住んでたんよ。要するに立命館大学に通っていたということで。だから京都と隣接している滋賀にはもの凄くシンパシーを感じてるねえ。こうして京都と滋賀が東京で隣接するとは奇跡だねえ。

安納　奇跡ですかね。

山本　あのね、関西から東京に乗り込んできた人というのは、たとえばかつてのK－1の石井館長とかもそうだけど、みんな非常にテンションが高いというか、やる気満々というか、リーダーシップを取りたいという願望が強いんですよ。要するに骨とクセがあるわけ。だから安納さんが滋賀県の出身だ

と聞いたとき、非常にいい感情を持ったわけですよぉ。
安納 たしかに私もクセというか、こだわりが強いですね。
山本 ちょっと待った！（急に小声になり）いまボクが感じたことは、人間というのは視覚以上に聴覚がモースト・インポータントなんだけど、安納さんの声の質は女っぽくないわけですよ。
安納 私、声が低いですよね。けっして高くはない。
山本 それがまたボクにフィーチャーしたねえ。ちょっと男っぽい声というか、ある程度ライトな声というか、ドライなボイスというか、それって会話をしていて非常にラクなんよ。女性的な声でじわっと粘質的に来られるとめんどくさくて、ボクはかまえちゃうんよ。でも安納さんのボイスはめんどくさくないんよ。安心ボイスですよ。
安納 なんか全部褒めてくれる（笑）。
山本 ちょっと待った！ なんと眼力も凄いねえ。
安納 私、眼力もありますか？
山本 ある！ これはちょっと油断できない感じだよ。さっきから、その眼でボクのことをずっとチェックしてる……。
安納 まったくしてないです。
山本 いや、ボクの素直な感想を言っているわけですよ。とにかくリング上のキミは、ほかのレスラーとは差別化した雰囲気でいるんよ。ほかの人たちはカラフルでさ、派手なコスチュームで着飾っているけど、安納さんだけは単色一本、白一本。そこに「私はほかとは違うんだよ」という主張が感じられてさ、ボクはめちゃくちゃ好きなんよ。
安納 私、もともとは青をずっと使っていたんですよ。
山本 知ってる。青というかブルーだよね。
安納 青というかブルーを。そこからちょっと心機一転という意味で「次は何色がいいかな？」と考えて、白に挑戦してみようと。白というのは膨張色だから、ちょっとした冒険だったんですけど。
山本 大冒険は大成功じゃないか！ ほかの人たちはもう上から下までいろんな色でゴチャゴチャしているけど、あれもボクからすると非常にめんどくさいんよ！
安納 私はそういういろんな色を入れるのも綺麗だから好きなんですけど、単色だけを使ったほうがパッと見たときにイメージとして残るのかなと思ったんです。
山本 逆張りの論理でね。そして、それがうまくいってるんよ。コーナーポストに立ったときの雰囲気というか仕草も最高さ。
安納 凄く見てくださっていますね。うれしいです。
山本 （急に小声になり）ボクが興味あるのはキミだけだよ……。
安納 えー、本当ですかぁ？

山本　そうですよぉ。ウナギ・サヤカさんのファンを鷲掴みにする力、あるいは橋本千紘さんのストロングなスタイルも好きだけど、ハッキリ言ってボクの中では安納さんがいちばんだね。要するにインテリが好きになるタイプなんよ。昔さ、作家の村松友視さんが山崎五紀選手のファンだったんですよ。キミもちょっとそういう流れにいる。つまりボクもインテリだからさ。

安納　インテリなんですね。

山本　（また小声になり）ボクは超インテリですよ……。

安納　素敵。

「スポーツはなんにもしてこなかったんですよ。こんなに汗をかくっていうことをしたのはプロレスが初めてです」（安納）

山本　安納さんは異性ではどういう人がタイプなん？

安納　私は歳上が好きですね。私自身も年齢を重ねていくうちに男性の年齢とかはあまり気にならなくなってきたんですけど、いまでも歳上の人のかわいい部分とかが見えたときに「あっ、好きやな」ってキュンとなったりします。

山本　ええっ？　う、上は何歳くらいまでOKなんですか？

安納　いいえ、歳が自分よりも上すぎてもまったく気にしないです。

山本　（無言でスクッと立ち上がり、またすぐに椅子に座る）

――安納さん、ウチの山本も5分に1回かわいいでしょ。

安納　さっき、このお店に入る前にターザンさんをお見かけしたんですよ。素敵なオブジェを楽しそうにスマホで撮られている姿を見て、ちょっとかわいいなって思っちゃいました（笑）。

山本　（目を閉じて、何度も深くうなずく）

――マジで好きになってんじゃねぇよ（笑）。

山本　く、果物は何が好きですか？

安納　私はリンゴが好きですね。

山本　わかるぅ！　リンゴっていうのはモースト・インポータントなんよね！　旧約聖書でリンゴは知恵の実だから。

安納　あっ、アダムとイヴの。

山本　さらにビートルズもスティーブ・ジョブズもウィリアム・テルもアップルですよ！　美空ひばりの『リンゴ追分』までもが。要するにリンゴは日持ちするんよ。

安納　さすが超インテリ。でも私はいちごとか梨も好きです。

山本　ええっ？　ボクもですよ。いちごに練乳をかけるのが好きなんよ！　奇遇だねえ。

安納　練乳がけは最高ですよね。

山本　非常にボクたちは気が合うというか、なんというか……。学生時代はどんなスポーツをやってたん？

安納　私、スポーツはなんにもしていないんですよ。

山本　ええっ？　まったくなんにも？

安納　まったく運動神経がなくて、体育の成績もめっちゃ悪かったんですよ。でもバレエとダンスを少しやっていました。

山本　それはお母さんからの指示で？

安納　いや、自分からやりたいってことで。とにかく私がやりたいことは全部やらせてくれる親だったので、いろんな習い事をしていたんですよ。でもどれも全然続かなくて、その中でバレエだけは長くやっていましたね。

山本　走ることとかは？

安納　足が遅くて凄く苦手ですね。だから、こんなに汗をかくっていうことをしたのはプロレスが初めてなんですよ。20代中盤になって（笑）。私がプロレスラーになって、地元の友達はビックリしたと思いますよ。

山本　それはビックリだねえ。

安納　私、学校も好きじゃなかったんですよ。友達はいたし、先生とも仲がよかったんですけど、学校の組織的な感じが好きじゃなくて、あまり行っていなかったんです。いま思えば勉強もしておけばよかったなと思うんですけど、当時はちょっとひねくれていましたね。

山本　じゃあ、大学に進学するっていう意識もなく？

安納　まったくなかったです。お芝居がしたいという夢を追いかけて東京に出てきたんです。

山本　お芝居の世界であこがれていた人はいたんですか？

安納　そこもひねくれていて、もちろん綺麗だなって思う女優さんとかもいましたけど「あこがれなんて作らない！」みたいな（笑）。でも小さい頃はモーニング娘。になりたかったので、オーディションを受けたりもしていて、だけどなれなくて。それからお芝居がしたいと思うようになって東京に来たんですけど、さらにいろいろあって、いまプロレスラーをやっています（笑）。

「プロレスをやったらボロボロのグチャグチャになりますよ！　四方八方から見られることが快感だったあ!?」（ターザン）

山本　生き方として地方にとどまるのか、それとも都会に出るのかというモースト・インポータントな選択があるわけよね。

安納　ありますね。

山本　そこで関西圏だったら大阪に出るか、あるいはドーンと大飛びして東京に出てくるかっていう。そこで東京に出てくるというのがさらにモースト・インポータントだよね。モースト・デンジャラスでもあるわけだけど。

安納　まあ、18歳のときに何も知らない状態で出てきたので、やっぱり芸能界＝東京っていう。

山本　最初に住んだ場所はどこ？
安納　目黒の不動前でした。
山本　（いきなり立ち上がって）そこ、全女の事務所があったところじゃないか！
安納　あっ、そうですよね。
山本　（ドカッと椅子に座り）アルバイトはしていたの？
安納　めっちゃしましたね。たとえば高級なお寿司屋さんでお茶出しなどの接客をしたりとか。
山本　どこのお寿司屋さん？
安納　六本木とか麻布です。
山本　東京のど真ん中じゃないか……。どうせ金持ちばっかが来るところだろう！
安納　そうなんですよ（笑）。有名人の方とか。私は部活をしてこなかったので、そこでの接客で上下関係とか気配りというものを学びましたね。あとはガソリンスタンドやタピオカ屋さんでも働いていました。
山本　ええっ、あのガソリンスタンドのユニフォームを着て？
安納　つなぎを着てましたね。クルマへの興味は全然ないのに、時給が高いからというだけで（笑）。でもプロレスラーになってからはバイトはしなくなりましたけど。
山本　お寿司屋さんとかガソリンスタンドからプロレスに行くって、まったく別の道じゃないか。
安納　そうですね。最初に所属していたところからお声をかけていただいたとき、プロレスのことはまったく知らない状態でしたから。
山本　スカウトされたわけ？
安納　はい。でも、すぐに辞めようみたいな感じだったんですけど、全然納得のいかないデビュー戦だったので「もう1回やろう」と思って、それを繰り返していまに至りますね。
山本　プロレスに対しての知識もキャリアもなかったのに、それは相当な負けず嫌いだねえ。
安納　でも、この世界は負けず嫌いの集まりじゃないですか？　だから私も「もっともっと」ってなります。満足するということが全然ないです。
山本　新人が入ってくると、イジメじゃないけども、上の連中は潰しにかかってきたでしょ？
安納　いや、そういうのはまったくなかったですよ。だけど女優がプロレスをやるっていうけっこう異色な団体だったので、最初はそのこと自体への批判の言葉がたくさんありましたね。「なめんな」みたいな。たしかにそれは私もそう思うし、その言葉があったからがんばれた。その言葉がなかったらがんばれていなかったかもしれない。そういう、ちやほやされていない環境で育ったことがよかったんだと思いますね。
山本　おもしろいねえ。プロレスって普通はあこがれて入る

もんなんよ。
安納　この世界に入る前は、髪の毛とかメイクがグチャグチャになるのが嫌だったんですよ。
山本　プロレスをやったらボロボロのグチャグチャになりますよ！
安納　それって絶対にかわいくないし、嫌だなって思っていたんですけど、入ってみたら逆に「グチャグチャになっている私の姿を見てほしい」っていう感じに思えたんですね。それと360度から見られているっていうことも快感で、お芝居の舞台だと一面だけだったから、背中まで見られているというのは凄くいいなって。これだけ人から見られている空間をもっともっと楽しみたい、もっと自分が動かしたいなと思って。
山本　四方八方からお客さんに見られることが快感だった？
安納　はい。もともと見られることが好きなので。
山本　この業界は自分と合っている？
安納　たぶん合っています。やっぱり、ひとつのことをこんなに続けたことがいままでの人生にはなかったので。いま8年目になるんですけど楽しいです。悩むこともめちゃくちゃあるけど、やれば返ってくる世界だなって。
山本　ますます輝いているけど、プロレスの技術はどこで磨いてるの？
安納　どこで磨いてるんだろ？　わかんないです。ただ、この2、3年で自分を客観視するようにはなりました。
山本　ブリッジが凄いよね。
安納　そこは絶対に見せたいところですね。セクシーなブリッジを見せたいなって。

「3年間ずっとフリーでやっていてスターダムへ。逆にこのタイミングでよかったなっていうのはあります」（安納）

山本　それでさあ、ボクは今後スターダムという団体がキミをどういうふうに扱うのかが凄く気になるんよ。
安納　スターダムは観ていて、凄く盛り上がっているのでずっと悔しかったです。だから個人的には「やっと上がれた」という気持ちはあります。
山本　あっ、「やっと声がかかったな」と？
安納　そうですね。いつもXがあるたびに私の名前が出ていたりもしていて、ファンのみなさんも待っていた感があって。3年間ずっとフリーでやっていたんですけど、逆にこのタイミングでよかったなっていうのはありますね。
山本　そっか。
安納　ただ、「飽きさせちゃダメだな」っていう緊張感も持っています。いまは珍しいから注目度が上がっているっていうのは自分でもわかっていて、この期間が過ぎたあとも新しい話題はどんどん来るので、それでも安納サオリを飽きさせないためにはどうしたらいいのかなっていうのは考えなくちゃいけないなと思いますね。いまの時代は消費されるスピードがめっちゃ速いので。

山本　キミはリング上での色気が凄いから大丈夫ですよぉ。試合が始まる前にコーナーポストに上がるじゃないですか。そこで「私はスターよ！」みたいな顔をしているもんね。自分に酔っているというか。

安納　酔ってるのかな？（笑）。

山本　あそこがキミの最大の魅力ですよ！　もう、まいっちゃうわけですよぉ。

安納　うれしいな、そんなに見てくださって。

山本　ハッキリ言ってボクは大好きだよ！

安納　3年間も会っていなかったのにうれしいです。

――山本さんは今日ひさしぶりに会って、また好きになっちゃったでしょ？

安納　好きになっちゃった？

山本　……ボクは惚れやすいからね（照）。

安納　やったあ（笑）。

山本　あ、あの、安納さんはSとM、どっちですか？

安納　いきなりなにその質問！（笑）。うーん……あっでも、我慢している姿を見るのは好きですね。

山本　ええっ!?

安納　えっ？

山本　いや、それはうれしいねえ（笑）。

――その質問の意図はなんですか？

山本　なにが？　いや、Sだったらこう行こう、Mだったらこう行こうっていうのがボクの中であるわけですよ。ボクの予想としては安納さんはS系かなと思っていたんよ。だから「やっぱりSだったか！」ということを理解、確認したわけ。

安納　いきなりのこの質問はちょっとおもしろかったですね（笑）。

山本　「ああ、Sだよな」と確認できたわけよ。

安納　確認されました（笑）。

山本　（小声になり）あのね、Sのほうが安心できるんよ……。Mってグレーゾーンが多くてめんどくさいわけですよ……。

安納　えっ、グレーゾーン？　どういうことですか？

山本　要するに気分が凄く繊細というか。

安納　Mのほうが情緒の浮き沈みがあるってことですか？
山本　Mの方というのは、さっきまでAと思っていたのに5秒後にはBに変わっていたりするわけですよ。それどころかまったく正反対のことをやっていたりとか。
安納　へえー、初めて聞きました。そうなんですね。
山本　Mはつかみどころがないんだよねえ。
安納　でも、つかみどころがないのもいいですよね。ただ、山本さんはSのほうがいいと。

「ボクと旅行に行ったら通常の100倍楽しいですよぉ。行くたびにサプライズと感動があるわけですよ」（ターザン）

山本　Sで、しかもB型だとさらにいいよね。
安納　私、血液型はAなんですよ。
山本　なぬっ！（小声になり）あのね、ボクもAですよ……。
安納　あら、一緒ですね。
山本　でもボクのAはちょっと違うよ。親父がABで、おふくろがOだから。
安納　じゃあ、全部入っていますね。
山本　姉がBで、ボクがA、妹がB、弟がA。要するに男がA、女がBになったわけですよ。だからボクは表面上はAなんだけど、裏Bなんですよ。
安納　裏Bですね。
山本　ボクはその裏のほうが非常に強いんだよね。でもAだから表面的には気はつかうよ。編集者だったからね。あっ、海外旅行はした？
安納　なんか質問がますます唐突。海外は中学生のときにダンス留学でアメリカのオレゴン州に行ったことがあって、めっちゃ楽しかったです。でもそれだけしかないですね。
山本　じゃあ、ベトナムとかは？
安納　だからオレゴン以外は行ったことないんですって（笑）。
山本　いまさ、女のコの間でベトナムが流行ってるんよ。
安納　そうなんですか？
山本　流行ってるんよ。いまベトナムって日本化しているから安心して旅行に行けるわけですよ。ベトナム料理はおいしいし、楽しいわけですよ。だから女のコたちはベトナムに行くか、タイに行くかで迷ってる。
安納　あっ、タイに行きた〜い！
山本　ボクと旅行に行ったらめちゃくちゃ楽しいよ？
安納　そうなんですか？
山本　通常の旅行の100倍楽しいですよぉ。ボクは好奇心丸出しだから、行くたびにサプライズと感動があるわけですよ。
安納　えー、いいなー。たとえばどんな？
山本　いや、とにかくボクは行く先々で感動するからね。むやみやたらと驚くからさ。
――自分がサプライズや感動を与えるのではないのか（笑）。
山本 で、恋人はいるの？
安納 私はいま本当にいません。
山本 ほう……。これはどうやら本当にいないねえ。（急に小声になり）あのね、ハッキリ言ってボクはめちゃくちゃモテるよ。
安納 うん。モテると思う。
――えっ、モテると思う？
安納 だって、なんか包み込んでくれそうな……いや、いまのはウソだな。ごめんなさい!!
――アハハハハ！
山本 な、なんなんだよ、それは……！
安納 ごめんなさい。「モテると思う」って言ったあとに自分で気づきました。いまのはウソです（笑）。
山本 ハッキリ言って包み込みますよ、ボクは！
――めっちゃスモールパッケージですよね。小包固めですよ（笑）。
山本 逆さ押さえ込みですよ！
安納 それはよくわかんないな（笑）。
山本 でも安納さんに彼氏がいないというのは聞く前からわかっていたよ。
安納 あっ、わかりました？
山本 わかった！ 恋人がいないことがキミにとってはナチュラルなことであると。要するに自然体なんよ。
安納 でも結婚はしたいですね。結婚願望は超あって、素敵な家庭を持ちたいですね。
山本 ええっ？ でも世の中になかなかいい男はいないよ？
安納 いないですか？
山本 だって、もともとが男よりも女のほうがいろんな意味でレベルが高いんですよ。しかもいまは社会的にも存在的にも女性のほうが遥かに上に行っているから、結婚する場合はレベルを男に合わせて相当落とさないといけないんよ。
安納 えーっ、そうなんですね。
山本 うん。まあでも、レベルは関係なしに、要するに相性ですよ。
――言ってはみたものの（笑）。
安納 絶対に相性ですよね（笑）。

「ターザンさんは凄くしゃべりやすかった。だから私の素の、ある意味でオフの部分を見せることができました」（安納）

山本 だから安納さんと相性の合う人が出てきますよ！ それが年配の人なのか、安納さんの職業とはまったく無関係の人なのか、人生経験が豊かな人なのか。まあ、そういうのは別にして相性ですよ。

安納　やっぱり相性（笑）。じゃあ、相性のいい人を探します。

山本　あのね、「好き」というのは相手あってのことなんですよ。その好きだっていうことが現実的に継続していくとはかぎらないんよ。なので、好きで結婚するよりも相性がいいなと思った人と結婚したほうが長続きするんよ。

安納　好きという感情よりも、人としての相性を優先すると。

山本　そう。恋愛というのは非日常であって、結婚は日常なんですよ。だから恋愛から結婚だと非日常から日常に行くわけでしょ。でも相性だったら最初から日常から日常に行くんで非常にスムーズでいいわけですよ。

安納　たしかにー。

山本　だから恋愛に燃えてから結婚するとまずいのよねえ。

安納　そっか。

山本　まあ、大丈夫だよ、キミは。キミの人生には間違いがないよ。

安納　やった。

山本　だってもともとは芝居が好きだったのに、プロレスと出会ってみたら相性がよくてハマったというパターンと同じじゃないか。最初の目的地はプロレスではなかったんだから。

安納　ああ、いまの話と通じますね。

山本　通じるんよ！　そうすると安納さんも安心して相性のよさの中で自分をどんどん積み重ねて、足し算をしていくわけですよ。そしていまの自分を楽しんでいる。これは非常にいいケースだねえ。

安納　なるほどー。

山本　だって最初からプロレスファンでこの世界に入ってくると、いろんな憧れとか記憶とか思い入れとかがあるわけだけど、それとビジネスとしてのプロレスとの相性が合っているかどうかは別の話なんよ。

安納　今日はいろんなお話を聞かせてもらいましたけど、この「相性」っていうテーマがいちばん刺さりましたね。

山本　成功したプロレスラーの例として、スタン・ハンセンとブルーザー・ブロディがいるわけですよ。この人たちももともとはあまりプロレスに興味がなかったんよ。アメリカンフットボールをやってたんよ。そこで身体がデカいからってことで先輩から誘われてプロレスにたまたま入ったわけ。ブロディなんて新聞記者をやっていて、ハンセンも学校の教員免許を持っていたんよ。だけどふたりはプロレスの世界に入ってみたら、プロレスの魅力を知っちゃって大成功したわけですよ。アメリカのプロレスラーの多くは、ちっちゃいときからプロレスファンなんよ。でもプロレスを全然知らなかったハンセン&ブロディのほうが爆発的に成功したんだよね。安納さんもそのタイプですよ！

安納　もっとプロレスでも掴んでいきます。まだまだなので。

山本　だから今後、安納サオリというイメージがスターダムの中で埋没するのか、さらに上にいくのか、これはとてつもない博打だね。生かすか殺すか、これは非常に危険な橋を渡らなきゃいけない。飲み込まれるか、飲み込まれないか、逆に飲み込んでしまうのか。ハッキリ言って、ボクは安納さんは組織の中に入って成功する人だとは思っていなかったんよ。あくまでも安納サオリという個として貫いてきているので、強力な組織であるスターダムとどんな激突をするのか大注目だよね。

安納　はい。見ていてください。

山本　飲み込まれたらひとつの駒になってしまう。駒になったらポジションが決まっちゃうから終わりなんよ。だから本音かどうかわからないけど、さっき「結婚して、いい家庭を作りたい」って言ったじゃないですか。ボクはキミがスターダムに入って今後どうなるかっていうことと、その向こう側にある女としての生き方がどうなるのか、そのふたつに興味あるね。でもキミは凄く理性的で距離感のある人だから、これは大丈夫だと思うねえ。

――今日も安納さんはずっと一定の距離感を保っていることを感じましたよね。

山本　このつかず離れずの距離感がひとつの武器だよ！　あのね、距離感のない人っていうのはつまらないわけですよ。なぜかと言うと個が成立していないってことだから。だからその場その場で飲み込まれちゃう、あるいは依存しちゃうわけ。依存したら終わりだからね！　それと安納さんはボクの話を適当に聞いてるのがいいよ。

安納　アハハハハ。

山本　安納さんに限らず、どうせみんなボクの話なんて適当に聞いているわけですよ。どこに行ってもそうなんよ。ボクは最初っからわかっているんですよ。

安納　それが最初からわかっていて、お話をしているんですか？

山本　みんな適当に聞いているか、全然理解できていないかのふたつしかないから、ボクはそんなことは気にしないんですよ。もうとにかくしゃべるだけですよ。まあ、キミのこと

SoftBank

は大好きだから、もう特にどうだっていい。何をされてもいい。

安納　嬉しい～（笑）。

山本　だから今日は、ボクの愛情表現を伝えたいという気持ちと、あくまで冷静に語り合いたいというふたつの思いがずっと行き来しているというか、交錯しているというか、ハレーションを起こしているというか。

安納　ジタバタしてたんだー（笑）。

山本　脳内で大暴走しまくっていたわけですよ！

安納　でもターザンさんは凄くしゃべりやすかったです。だから今日の私は素の、ある意味でオフの部分を見せることができました。

山本　キミの素の部分を引き出しちゃったか。タハハッ。

安納　あっ、ターザンさんはそうやって笑ったときの顔がかわいい（笑）。

山本　（無言でスクッと立ち上がり、目を閉じて何度も深くうなずく）

安納サオリ（あのう・さおり）
1991年2月1日生まれ、滋賀県大津市出身。プロレスラー。舞台を中心に活動していたスターダム・プロモーション所属時代、先輩のまなせゆうなの指導を受けて2015年5月31日、アクトレスガールズでの金村香織&なつみ戦（パートナーはまなせ）でプロレスデビュー。キュートなビジュアルと美しい技の数々、そして小柄ながらも負けん気の強さで定評を集め、スターダム、WRESTLE-1、ドリーム女子プロレス、全日本プロレスなどにも出場。2019年12月30日にアクトレスガールズを退団。以降はフリーとして活動を開始する。2023年4月2日のスターダム・後楽園ホール大会にKAIRIの「今後波紋を呼ぶかもしれない人物」という呼び込みで登場を果たす。4月15日、白川未奈と月山和香が脱退したコズエン（COSMIC ANGELS）に加入。獲得タイトルはAWGシングル王座、プリンセス・オブ・プロレスリング王座、ICE×∞王座、アーティスト・オブ・スターダム王座など。

ターザン山本！（たーざん・やまもと）
1946年4月26日生まれ、山口県岩国市出身。ライター。元『週刊プロレス』編集長。
立命館大学を中退後、映写技師を経て新大阪新聞社に入社して『週刊ファイト』で記者を務める。その後、ベースボール・マガジン社に移籍。1987年に『週刊プロレス』の編集長に就任し、“活字プロレス”“密航”などの流行語を生み、週プロを公称40万部という怪物メディアへと成長させた。

SAORI ANOU INFORMATION

5月31日発売!!
「安納サオリ写真集 unknown」

スターダムに電撃参戦を果たして話題を席巻中の安納サオリが待望の写真集をリリース。
タイトルは安納自らが命名した『unknown』。自身の名前と“誰も知らない安納サオリがいる”という意味が込められている。
全国の書店、ネット書店にてお求めいただけます。
詳細はTOKYO NEWS magazine&mook <https://zasshi.tv/>をご確認ください。

「安納サオリ写真集 unknown」
定価：4,000円　発行：東京ニュース通信社

自己投影観戦記

できれば強くなりたかった

第135回 猪木寛子インタビューを読んで

椎名基樹

椎名基樹（しいな・もとき）1968年4月11日生まれ。放送作家。コラムニスト。

1カ月ほど前、女性ファッション誌『CREA』のネット版に、アントニオ猪木と倍賞美津子の娘・猪木寛子のロングインタビューが掲載された。

私たち世代のプロレスファンは、彼女のことを、40年以上前の小学生時代から知っていて、当時の私たちは、「猪木の娘」に対して、小学生らしい非常に低脳な、好奇の目を向けて、「ひろこ」を「かんこ」などと呼んだりして喜んでいたものだ。さぞかし寛子さんは、私たちのような育ちの悪いガキが嫌だったに違いない。

そんなふうに、彼女に対して、勝手にシンパシーを覚えていた私であるが、その姿を見るのは、今回のインタビューに掲載された写真が初めてであり、その姿には、猪木の面影が強く残っていることに驚いた。こんなに猪木に似ていたんだ。

彼女も大人になり、ゆるぎない人生の基盤を築いて、アントニオ猪木が亡くなって、半年が経ったところで、人前に出て、父親を語ることにためらいがなくなったのかもしれない。

そのインタビューであるが、さすがに娘である。彼女の言葉から、アントニオ猪木の私生活や人間性が、生き生きと浮かび上がって来た。

それは私たちの知らないアントニオ猪木である。しかし同時にどのエピソードも「猪木らしいな」とも感じられた。シャイなところ。女の人を馬鹿にするようなことはしない、リベラルなところ。プライベートでは大事なことは言えないところ。意外と運動神経が鈍いところ。何事にも全力で取り組むところ、などなど。

その中でも、猪木の繊細さを語るエピソードが印象に残った。

寛子さんが、12、13歳の頃、彼女が学校の行事でキャンプをしているところに、猪木が訪ねてきたという。

「本当は離婚することを私に伝えに来たんだけど、言えなかったそうなんです。結局、他愛もない話をして帰っていって……。パパは、すごく強く見えて、すごく気が弱いところがある。人を傷つけられないんですね」

仕事では、多くの人の心を傷つけて、坂口征二を「人間不信」に追い詰めた猪木（笑）。そのギャップもまた最高だ。

離婚後、倍賞美津子が大腸がんを患った時

は、彼女の好物である、水ようかんを持ってお見舞いに訪れたという。その時、猪木は、倍賞美津子を勇気づけるような言葉をかけることができなかったそうだ。

「パパはそういうの下手でできないんです。人前では偉いこと言えるかもしれないけど（笑）、そういう場面では無理」

猪木がロサンゼルスに住んでいる頃、寛子さんの家は歩いて行ける距離にあり、猪木は寛子さんの家に現れては「海に行こうよ」と誘ってきたという。猪木に、娘と過ごすような、そんな普通の日常があったことが、なんだか新鮮に感じられた。

猪木は、ロサンゼルスではスターではなく、変なおじさんで、いつも長い棒を持って散歩していたため、地元の人からは「Hi！StickMan♪」と呼ばれていたそうだ。

思い返すと猪木が、あの「闘魂棒」を常に持って、UFOを率いていた頃は、現役時代と同等に輝いていた時であり、現役を退いたぶんだけ、肩の力が抜けて、融通無碍な猪木らしさが、より発揮されていた時期だった。

このインタビューで、いちばん感心した部分は、現在寛子さんはアメリカで看護師をしているというエピソードだった。彼女は、40歳を超えてから資格を取ったのだという。

「私はいま、アメリカで看護師をしています。アントニオ猪木の娘なのになぜ？って思われる方もいるかもしれないですが、逆でアントニオ猪木の娘だからこそ看護師をしているんです。だれかのために、世の中のために全力で取り組む。父の姿を見て自然と私もそうなりました」

これ以上の猪木イズムの表現はない。

最後に寛子さんは、こうメッセージを結んだ。

「辛いことや嫌なことがあったとき、自殺をしてしまったり、ネガティブなほうに考えてしまいそうなら、パパの姿を、そして言葉を思い出してほしい。パパが言ったとおり、元気があれば、どんな問題だって解決する方法は見つけられると思いますから」

アントニオ猪木のメッセージは、常に「へこたれんじゃねえ！」の一点だったと気づいた。そして、「へこたれんな！」と他人を鼓舞する猪木は、誰よりもへこたれそうな状況に追い込まれた人なんだろうとも思う。

病気の姿を晒して、メディアに出続けたことは、その「へこたれんな！」のメッセージを強烈に伝えている。

最期の時まで、メディアに出続けたことでいえば、アントニオ猪木が最後まで、死の恐怖を微塵も見せなかったことも、驚嘆する。

人間は、死の恐怖を前にして何とか正気を保っているようにも思えるからだ。そんな人間の持つ根本的な矛盾に対しても、猪木は「どうってことねぇ！」と、強烈なメッセージを残したようにも思える。

お恥ずかしいことに、私はこのインタビューを読んでいる最中、なんだか涙がボロボロこぼれてきてどうしようもなかった。

その理由は、寂しいとか、悲しいとかだけではない気がする。なんだかわからないけれど、涙が出るのだ。このインタビューの端々から、猪木のメッセージがほとばしっているからなのかなあ、とも思う。

イギリスの
公開オーディション番組
『ブリテンズ・
ゴッド・タレント』で大反響!!
2000人のスタンディング
オベーションにすっかり
安心しているのかどうか
聞いてみた。

世界が恐れるゴッド・タレント

とにかく明るい安村

「今後の目標とか『こうなりたい』とか全然ないです。
お笑いという好きなことをやれているんで、
いまが楽しいんですよ。 ずっとこの感じで、
楽しそうなやつを自分がやりたいときにやりたいだけです（笑）」

おもしろい人はなぜおもしろいのかを
調査する好評連載・第 29 回

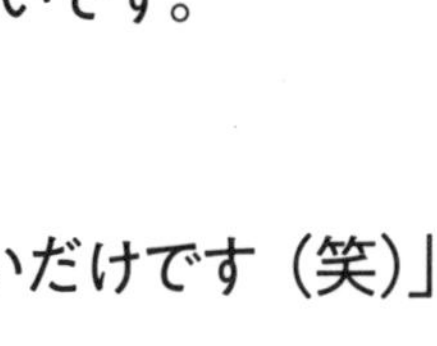

収録日：2023 年 5 月 12 日　撮影：タイコウクニヨシ
聞き手：大井洋一　構成：井上崇宏

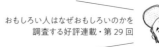

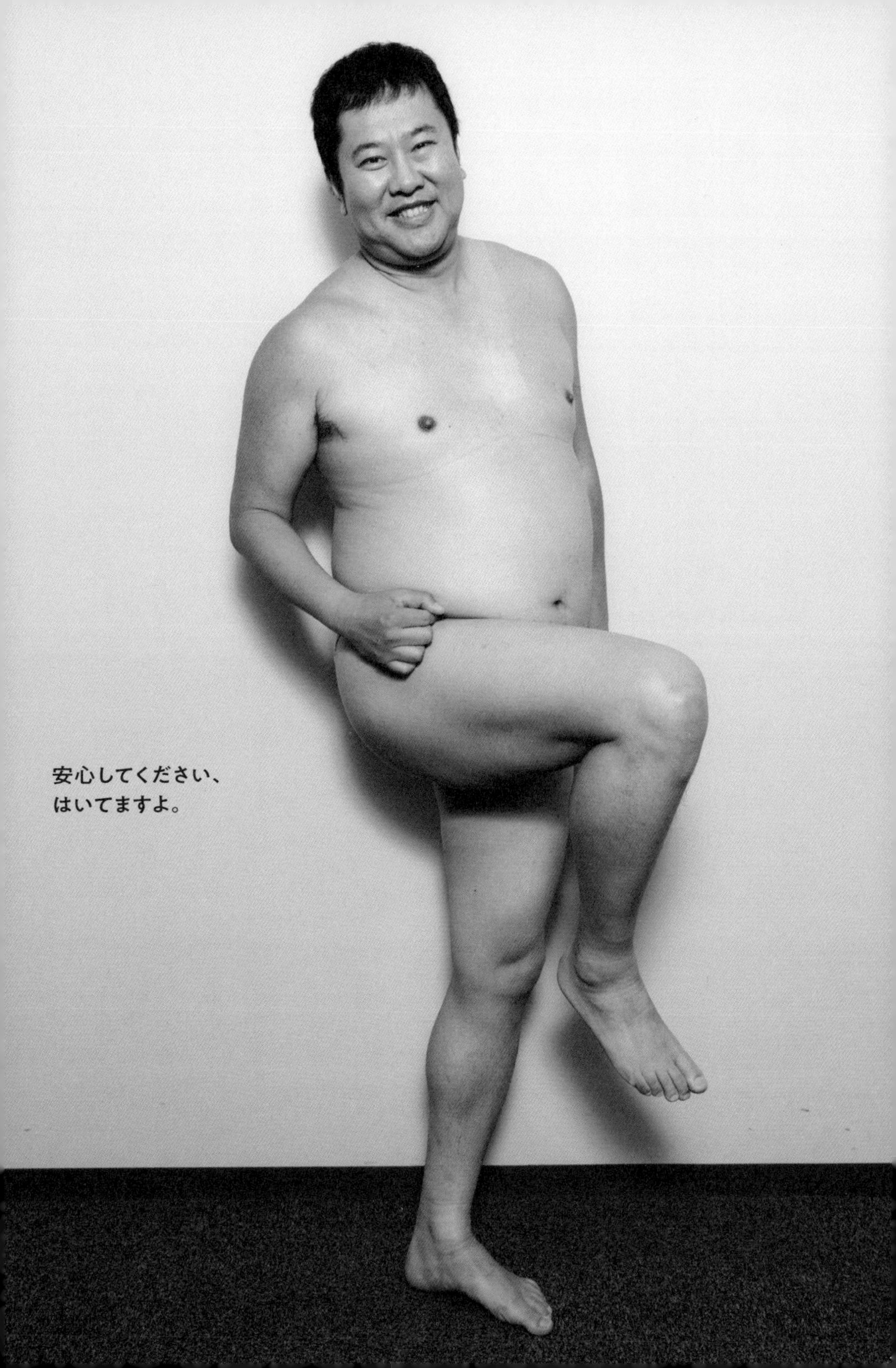

安心してください、
はいてますよ。

2005年、TBSで若手芸人を集めた『10カラット』という番組をやっていて、そこで、シュッとしたふたり組の「アームストロング」っていうコンビがいたんですけど、それがとにかく明るい安村くんが当時組んでいたコンビでした。

ちょっと意地悪な日常を切り取ったコントをしていて、人気もあるし、ネタもちゃんとおもしろいし、いいコンビだなーと思ってたんですけど、気づけば解散してしまって。

そこから安村くんはピンになって「安心してください、はいてますよ」でブレイク。だけど早々にスキャンダルがあったりして、浮き沈みはたしかにあるんですけど、凄いのはずっと止まらないことなんですよね。

常に新しいネタとキャラを生み続けて、迎合するわけでもなく、ずっと自分基準のおもしろさで進んでいく。

とにかくブレない安村。

とにかくおもしろい安村。

最高です。（大井）

「準決勝が5月末くらいに収録でまた
イギリスに行きます。でも次のネタを
どうしたらいいのかわからなくて（笑）」

——とんでもないことになりましたね。イギリスで竜巻を起こしちゃって（笑）。

安村　とんでもないことになりましたねえ、本当に（笑）。

——そもそも、『ブリテンズ・ゴッド・タレント』に出るきっかけはなんだったんですか？

安村　よしもとから来た話で、もともとはコロナ前にアメリカでってことだったんですよ。それでアメリカのプロデューサーの人とリモートで話してネタを作ったりしていたんですけど、いったんその話がなくなって、今回イギリスに。

——話が来たときはどんな気持ちだったんですか？

安村　旅行ですよ、旅行（笑）。単純に「あ、イギリスに行けるんだ？　うれしいなー」っていう。撮影も1日で終わるし、「お土産、何を買おうかな？」みたいな。

——「こんなことをやります」っていうネタは提示していたんですか？

安村　先にネタを提示して、送ってみたいな感じでしたね。でも海外はこんな感じなんだなっていう要望も多くて、「ジェームズ・ボンドでやってくれ」とか。

——ご当地ネタを入れてほしいと。

安村　はい。それで行ってからも「イギリス国旗のパンツを用意したから、これを履いてくれ」とか言われて。

——それはちょっと怖いな（笑）。

安村　「いやいや、ちょっとそれは無理ですよ」とか言って

（笑）。それでリハでは「ピンマイクでやる」って言っていたんですけど、「ピンマイクだと裸に見えないだろ」みたいなことを向こうから言ってきて、「スタンドマイクでやってくれ」とか。「けっこうめんどくせえな……」って（笑）。

——制作主導でリクエストが来て、そことちょっとずつ闘って。

安村　折り合いをつけながら。

——あれって全部で何人くらい出てるんですか？

安村　収録は1部と2部みたいな感じで、10人ずつか15人ずつくらいだと思いますね。それでなんかわからないですけど、ボクはダンスや歌ばっかりの日に入れられたんですよ。ダンサーとしてなのかわからないですけど（笑）。

——カテゴリーとしてはダンサーだと（笑）。

安村　だから若い高校生くらいの男のコたちのヒップホップダンスとか、ちっちゃい女のコたちが活発に踊るみたいなのとか、そういうのがけっこういて、ボクだけがひとりで。みんな楽屋が一緒なのでそこでひとりバスローブを着て、「なんだアイツ？」みたいな（笑）。凄く変な目で見られていましたけどね。

——手応えは相当でした？　映像的にはめっちゃウケてましたけど。

安村　相当でしたね（笑）。めちゃくちゃウケたんでめっちゃ気持ちよかったですね。たぶん2000人くらいお客さんがいたんじゃないですかね。あんなのはもう二度とないんじゃないですかね。

——でも、あれでさらに勝ち進んでるんですよね？

安村　いちおう勝ち進んでいますね。準決勝が5月末くらいに収録なのでまた行きます。でもネタが本当に、大井さんに見てもらいたいくらいです。次をどうしたらいいかわからなくて（笑）。

——ボクもわかんないですよ（笑）。でも、やっぱりまたイギリスにちょっと寄せるんですか？

安村　向こうからの要望があるんで。たとえば「紅茶を飲んでるとき」とか（笑）。

——アハハハハ！

安村　あとは「曲はエルトン・ジョンで」とか。なんか難しいですよ。自分的には8年前から散々やっているネタなんでもうこれが普通じゃないですか。でも向こうはまだ1回しか見ていないから、どういうのがちょうどいいのかっていうのがわからなくなっていて。

——自分の中ではもう裏側まで行っちゃってる（笑）。

安村　だいぶ裏まで行ってるんで。だから1回目は日本ではもう絶対に笑われないようなやつでもOKでしたけど、2回目は……。

——たぶんちょっとズラした違うパターンを見たいっていう。

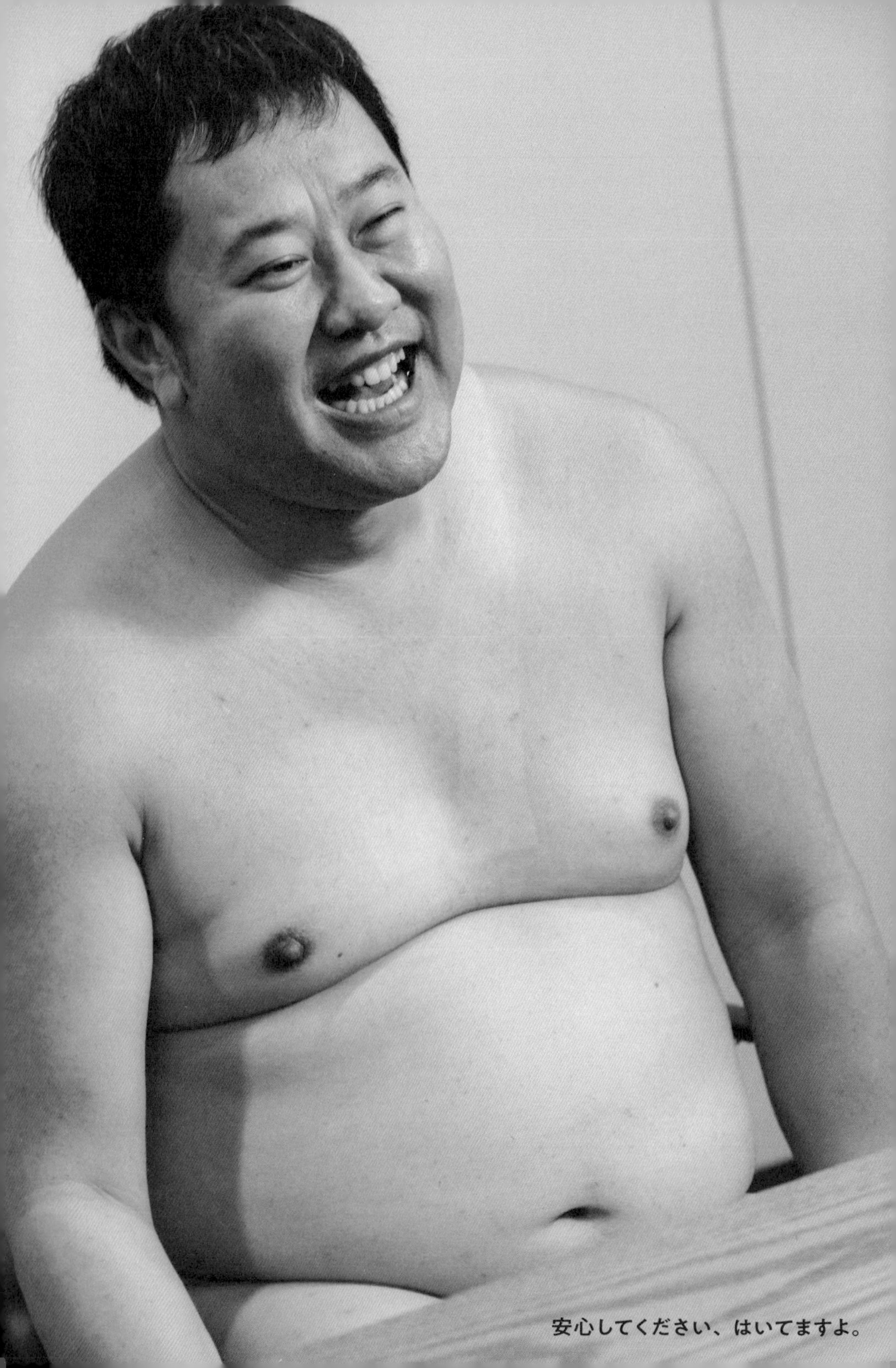

安心してください、はいてますよ。

安村　向こうはまだ飽きていないですもんね。それでもう感覚がもうわからなくなっちゃって（笑）。

――次、めっちゃスベったらおもしろいですけどね（笑）。

安村　「全然ダメじゃねえか！」ってめっちゃスベるかもしれない。まあ、それはそれで（笑）。

「RGさんから『いろんなのをいっぱいやったほうがいい。その中にいいのが絶対あるから』って言われたんです」

――でも、ここまでの芸人人生、いろんな球をずっと打ち続けていますよね。

安村　大井さんだけですよ、それを褒めてくれるのは（笑）。本当に大井さんだけです。

――いや、打ち続けていますよ。コンビでやっていたアームストロング時代のネタは相方の栗山（直人）くんが作っていたんですか？

安村　初期はクリが作っていて、途中からふたりでやり出して、それからボクが作るようになってという特殊なパターンでしたね。

――じゃあ、以前からネタを作るということは自分の中ではあったんですね。

安村　そうですね。でもコンビのときはネタでそんなにスベることはなかったんですよ。それがピンになっても同じ感覚でやっていたら、まったくウケなくて。

――ピンの初期の頃はどんなネタだったんですか？

安村　なんか爆弾処理班が作業していたらエロ本が落ちてたみたいな。それで爆弾処理みたいな感じで慎重にページをめくっていって、最後にドカーンっていう音を出したりとかしていたんですけど全然ウケなくて（笑）。「ヤバいな、これは……」。同じお笑いでもツッコミがあるとないだけでこんなに違うのか」と思って。

――そこで考えをあらためるんですか？

安村　フリップネタなんかはツッコミみたいな感じだからやりやすいなとか、いろんなのをやりましたね。それで単独ライブを何回もやったんですけど、めっちゃスベってました（笑）。マジでウケなかったです。

――そこで掴んだのが「安心してください、はいてますよ」ですか？

安村　そうです。解散して半年くらいでこのネタができましたね。

――半年って、わりと早いですよね。ピンになってから「2年くらいで売れなかったらどうしようかなって考えていた」という記事を読んでことがありますけど。

安村　そうですね。その頃はＲＧさん（レイザーラモン）に「いろんなことをやったほうがいい」って言われていて。

――やっぱりまわりに相談していたんですね。

安村　ピンになるにあたって、佐久間（一行）さんとかＲＧさんに相談したんですけど、佐久間さんは「絶対にネタをやったほうがいいよ」って言ってくれて。

――佐久間さんは「しっかりとネタを」というタイプですよね。

安村　それでＲＧさんは、ボクは野球をやっていたので「〝安村野球〟っていう名前にして、野球ネタをやろうと思っているんですけど」って言ったら、「いやいや、いろんなのをいっぱいやったほうがいいよ」みたいな。

――狭くなっちゃうぞと。

安村　「いろんなのをやったら、その中にいいのが絶対あるから」って言われて、「あっ、そうですか。わかりました」って。

――それは〝とにかく明るい安村〟になる手前ですよね。とにかく明るい安村になる一歩はなんだったんですか？

安村　なんだったんですかねえ？　でもフリがきいてるからいいかなと思ったんですよ。たとえばライブに出て、明るかったら「本当に明るいな！」って言われるし、暗かったら「暗いじゃねえか！」って言われるからラクだなと思って（笑）。

――でも、それって勇気がいりますよね？「これからはとにかく明るい安村でいきます」という一報があったわけですよね（笑）。

安村　それを会社に言いました。最初は恥ずかしかったというか、言いたくなかったですね（笑）。だってテレビ局の受付とかに行くじゃないですか。

――「お名前は？」と聞かれて。

安村　それで凄いごまかして、「とにか……安村ですー」みたいに安村だけ聞こえるような感じで言ってました（笑）。

――最初に当たったのは『バイキング』ですよね。あそこのネタを見せるコーナーでウケて。

安村　２０１４年で、ちょうど時期がよかったですね。あの年の4月にコンビ解散して、10月くらいにネタができて、11月くらいに『バイキング』に出て。

――めちゃめちゃ早い‼　コンビでの活動から失速することなく。

安村　でも、その半年間が地獄だったんですよ。

――それは生むための苦しみ？

安村　はい。だから早朝、新宿のワシントンホテルで朝食配膳のバイトをしていて（笑）。やっぱコンビを解散したら収入がめっちゃ落ちて、月10万もいかないくらいの感じだったんで。

「家の洗面台に立っているときに『おっ？　あれ、これいけるんじゃないか？』みたいなのがあったんですよ」

——解散してすぐの仕事はどんなものがあったんですか？

安村　幕張でコーナーライブとか昼ネタですね。本公演には出られなかったんで。

——まだ裸になる前の、ネタが定まっていない状態のときですよね。

安村　あとはイベントでMCをやってたタケトさん（当時Bコース）に入れてもらって、早朝にベビーサインをやるコーナーを一緒にやってたりとか（笑）。よしもとに長いことといたから、社員さんが気をつかってくれて激辛フェスのステージMCとかの営業を入れてくれたりして。朝食配膳をやって、夜から本社でネタを朝まで作って、それからまた朝にバイトに行ってっていう。

——ひとりだからネタを作るのもひとりじゃないですか。それってつらいですよね。

安村　めっちゃつらかったですね。何がおもしろいかわからないし。

——作ったやつがダメでも、却下する人がいないっていう。自分のアイディアを却下する人がいない状況が一番つらいって以前TENGAの社長がインタビューで言ってましたけど。ひとりで作るってつらいし怖いですよね。

安村　そうなんですよ！　それでひとりだとろくに練習もしないんですよね（笑）。

——アハハハハ！

安村　ひとりで頭の中でやっていると、「まあ、これでいっか」って（笑）。だから練習も全然しなくて、それでウケなくてっていう。難しかったですねえ……。

——それでまゆゆ（渡辺麻友）の写真集を見て、裸のポーズが誕生したと。そこでバーッと自分でネタを出したんですか？

安村　鏡を見て動きながら、「おっ、野球の動きはいけるじゃん！」みたいな。それで「しゃがんでとか、前かがみもいけるな！」となって（笑）。そこにあとは曲をつけて。

——やっぱり曲は必要だなって思ったんですか？

安村　ちょうどロバートの秋山さんの裸モノマネが当時流行っていたんで、あのキメの感じがほしいなあと思い。

——「ヘイ！」。

安村　それで昔、ボクが優勝したオロナミンCのCMバトルのときに曲を作ってくれた人にまたお願いをして。「ジャーン！」だと秋山さんっぽくなるから違うキメで『ヘイ！』とかいいんじゃないか？」みたいなことを話していたら

「ヘイ！」ができて。そこからは順調でしたね。

――「見えた！」っていう瞬間があったんですね。

安村　ありましたね。家の洗面台に立っているときに「おっ？　あれ、これいけるんじゃないか？」みたいなのがあったんですよ。

――そうして順調に芸人人生が進む中、そこから1個挫折がありました。強烈な諸事情でちょっと沈んで（笑）。

安村　はい。ちょうど売れて1年ぐらいで。

――それでもまだ死ななかったですね（笑）。

安村　死なないですね（笑）。でも仕事が本当になくなって、テレビは『有吉の壁』しかなかったくらいで。ただ、よしもとなんで劇場や営業はたくさん入れてくれて、それは本当によかったです。

――『有吉の壁』では〝ミスター壁〟という異名を持つまでになるんですけど、「本当にありがたいな」っていう感じなんですか？

安村　ありがたいですね。〝壁〟だけはずっと出してくれてたんで。

――ボクら制作側からすると、その関係性はうらやましいなって思うんですよね。芸人がしっかりとあそこに合わせてネタを出してくれるって、本当に番組を愛していないとなかなか起こらないことなので。

安村　やっぱり、やりたいやつがやれてスベったら自分の責任。それがいいじゃないですか。ラクだし。

――いわゆる番組の制作主導で「このキャラクターで、このネタをやって」っていうものではない。

安村　何を出しても全然通らない、行ったら行ったで誰が書いたかわかんない台本があって、「これ言わなくちゃいけねえのか……」っていうのは嫌ですね（笑）。

――でも〝壁〟は自分で背負ってやるぶん、一生懸命になれるからいいですよね。

安村　ありがたいことにやりがいがありますね。

「有吉さんにはめっちゃ鍛えられましたね。『全然つまんねえな、おまえ。どうすんの、これ？』みたいな」

――コロナになって、家で発信し続ける時間もありましたよね。

安村　一時期、「#よしもと自宅劇場っていうハッシュタグをつけてください。それでみんな自宅から発信しましょう」って会社から言われて、ギャグリレーとかあったじゃないですか。星野源の歌とか。そういうのでみんなやっていたんですけど、いつにまにか、みんなが辞めただけだと思うんですけど、まだボクだけずっとやっているんですよ（笑）。

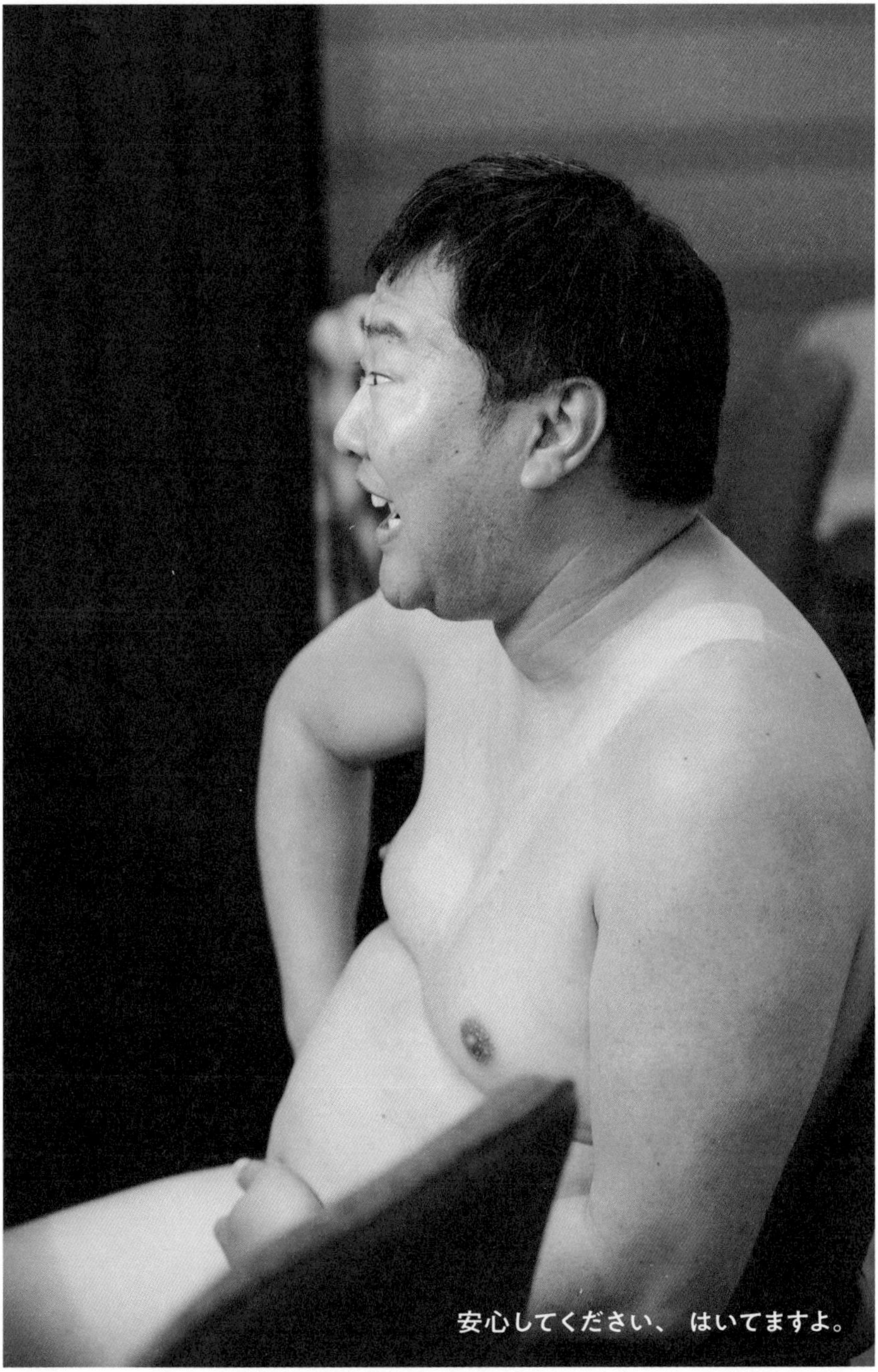
安心してください、 はいてますよ。

――アハハハハ！「まだ戦争は終わっていない！」みたいな感じですね（笑）。

安村　そうそう！（笑）。ボクだけいまだにあのハッシュタグをつけてやってるんで、みんなから「まだやってるんですか？」って言われるんですけど。

――「もう戦争は終わりましたよ」と（笑）。

安村　こっちからすればみんなが勝手に辞めただけで。「戦争終わりましたよ」とは聞いていないんで、やり続けていますけどね（笑）。

――でもまあ、人がやらないところ、行かないところを行くっていうのが安村さんの真骨頂だし（笑）。

安村　そうですね。トークがうまいわけでもないし、一生懸命にやるしかねえっていう（笑）。

――でも「生み続ける」っていうのが本当に凄いですよ。

安村　それはやるしかないんですよ。グレードの低いやつを数多く（笑）。

――でも今回、イギリスでウケたっていうのでちゃんと箔がつきましたよね。

安村　怖いですよねえ（笑）。

――コロナの前後でどんどん若手が出てきたじゃないですか。そこに対する焦りとかはあるんですか？

安村　そんなにはないかもしれないですね。やっぱりみんな漫才をやったりとか、形がちゃんとしているじゃないですか（笑）。

――「俺とは全然かぶってない」みたいな（笑）。若いコたちはもっとスマートですしね。

安村　そうなんですよ。それでみんな、言うこととかもちゃんとおもしろいじゃないですか（笑）。

――知性もあるし（笑）。

安村　自分とはタイプがだいぶ違うんで、あまり焦りとかは感じないですね。そういうヤツらを巻き込んで、一緒にスベらせてやろうとは思いますけど（笑）。

――アハハハハ。自分の中でのビジョンとして、たとえばMCをやりたいなとか、ちょっとこういう番組をやりたいなとか、そういうことを思って生活していたりはしますか？（笑）。

安村　まったくしていないですね（笑）。

――もう刹那的に「いまウケればいいや」みたいな（笑）。

安村　来たやつをやる、楽しそうなやつをやるっていう（笑）。だから最近はピンポイント系が多いですね。たとえば『イタズラジャーニー』とか。チョコプラ、かいまいたちが歩いてきて、ここの場所はボクがまかされてやるみたいなやつとか、『さんまのお笑い向上委員会』も3週目に出てきてグチャグチャにして帰るっていう（笑）。

――スポットみたいなことですよね。そういう立ち位置って本当に力がいりますけど、安村さんとしては願ったり叶ったりですか？

安村　だってお笑いをやれるじゃないですか。そしてすぐに帰れるじゃないですか（笑）。楽しいじゃないですか。最高ですよね。

――もう職人ですよ。現場行って、笑い取って、帰ってくるっていうプロフェッショナル。

安村　クルマで2、3時間かけて現場に行って、20分くらいやって、また2、3時間かけて家に帰るっていう（笑）。でも、いまはそれがいちばん気持ちいいです。

――やっぱりテレビの仕事は楽しいですか？

安村　楽しいですね。やっぱりテレビに出たくてこの世界に入ってきた世代なので。テレビは本当に楽しいですね。華やかで。だからいまが本当にちょうど楽しいかもしれないですね。好きなことをやれているんで。

――「ここでちょっと笑いを取ってもらってもいいですか？」ってちゃんとまかせられて。

安村　そうですね。あまり明確なことは言われないまま（笑）。

――信用して預けてくれている。逆に言うと「何があっても全部あんたのせいよ」っていう（笑）。

安村　だからもう変なメイクとかしても怒られないんですよ（笑）。前だったら「いや、それはちょっと……」とか言われてたんですけど、やりたいようにやれるんで。だからうれしいですね。

――そんな中で、やっぱり有吉（弘行）さんの存在はデカいですか？

安村　デカいですね。めっちゃ鍛えられましたね。最近はそんなことないですけど、昔は〝壁〟のときも怒られていて。

――有吉さんにもそういう側面ってあるんですね。

安村　「全然つまんねえな、おまえ。どうすんの、これ？」みたいな。それを収録中に（笑）。

――ボクは、有吉さんってもうちょっとほかの人に興味がない人かなと思っていたんですけど。「なんかおもしろくねえな」くらいの感じで、そこに怒りもないっていう感じかなって。そこは有吉さんも番組に対しての思いが当然あるわけですね。

安村　めっちゃありますね。あとは「コイツをどうにかおもしろくしたい」っていうのがあって、だからそういう追い詰め方もあって、なあなあでは終わらない感じですね（笑）。

「最初はドンキで女性用水着を買ってきて、ガリットチュウの福島さんから『前後ろを逆にはけ』って言われたんですよ」

――有吉さんとの関係は、〝壁〟の前からあったんですか？

安村　いや、まったくないです。

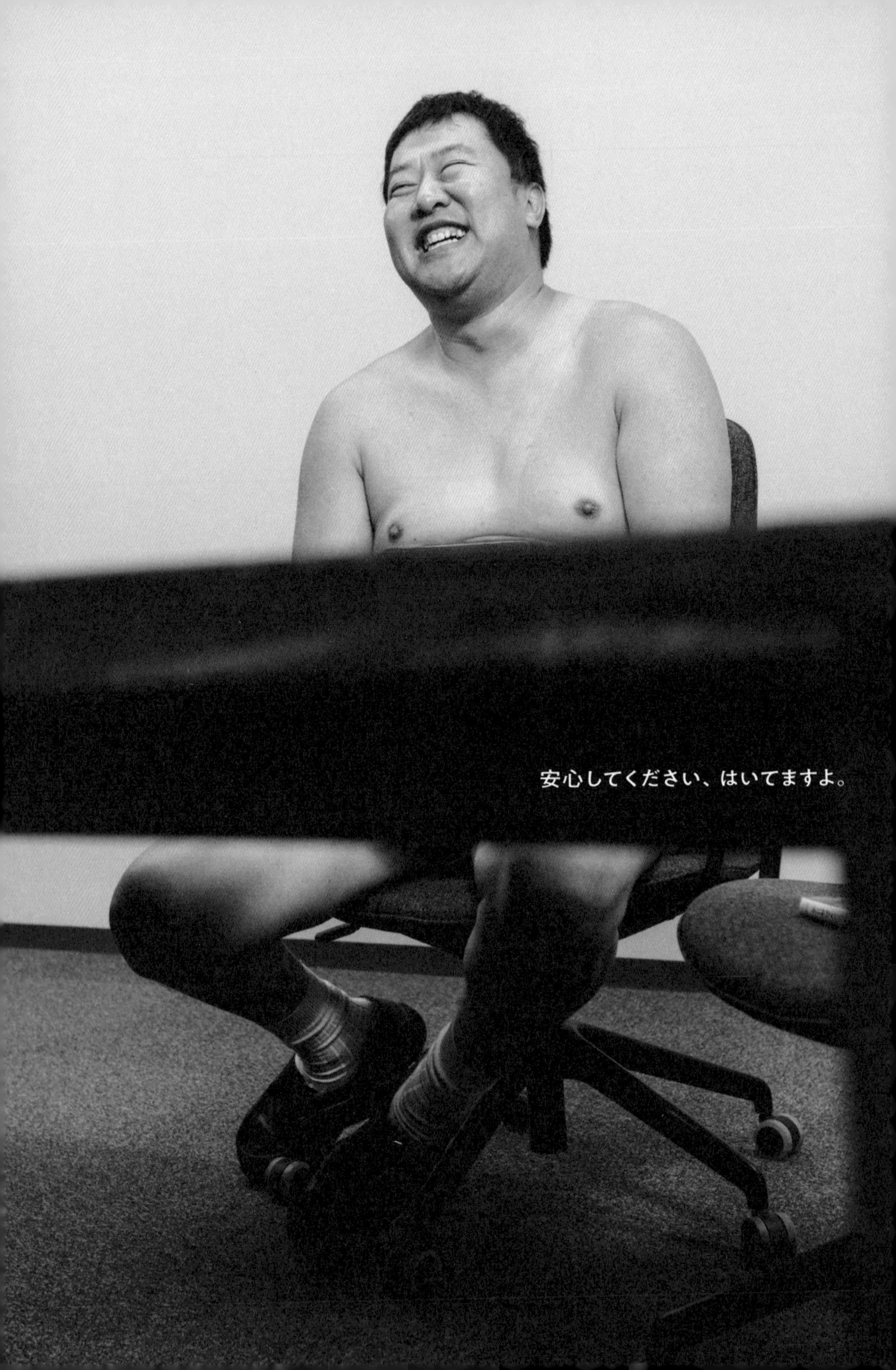
安心してください、はいてますよ。

――具体的に何か言われるんですか？

安村　けっこう言われますね。悩んでいたりすると、「おまえは駒なんだから。駒として動かないとダメだから」って（笑）。

――全体の駒としてやれと（笑）。

安村　「おまえは全体の駒なんだから、それを肝に銘じてやらないとダメだ」って言われて、「たしかに……」と思って（笑）。将棋を指すほうにまわっちゃダメなんですよ。

――あー、なるほど（笑）。ちゃんと歩の動きをしなさいと。

安村　歩は歩として動かないとダメなんですよ。

――「それを何を盤全体を見ようとしてるんだ！」と（笑）でも、キャリアを積んでいくと指す方に回りたくなっちゃうもんじゃないですか。

安村　いやいやダメなんです。駒ですから。しかも飛車角でもないし、金銀でもない。

――次の一歩だけを考えろと（笑）。

安村　そこで終わるかもしれないし、もしかしたら成るかもしれないみたいな。それはいまでもずっと頭に入れながらやっていますね。やっぱり不安になるじゃないですか。「爪痕を残さないと」とか「自分が主役にならないと」とか。でも「そういうことじゃないから。番組の駒として動かないとダメだ」って言われるんですね。それがけっこう衝撃的だったというか「なるほどな」って思いましたね。だからMCをやりたいとかっていうのはまったくないんですよ。

――駒としてまっとうしたい（笑）。では、今後もずっと変わらずこの感じですか？

安村　そうですね。目標とかがなくて「こうなりたい」とかも全然ないんですよ。だからいまの感じでやれたら。まあ、歳を取ったらそれもやれないんですけど（笑）。でも、やっぱりそれがいいですね。ダチョウ（倶楽部）さんや出川（哲郎）さんみたいな。

――本当に職人のようになってきましたね（笑）。

安村　そういうのじゃなかったんですけどねえ（笑）。

――コンビ時代はいまのニューヨークみたいな感じでしたよ。

安村　そうですよね？　いや、そうだ！　大井さん、俺そうでしたよね!?（笑）。

――ちょっといじわるなコントをやって、「バカにしてるな、おまえら？」みたいな。

安村　シュッとしていたし（笑）。

――ふたりともシュッとしていて、ちょっと「ああ、こういう痛い大学生、いるよな」みたいな狭いところをイジってウケてた。

安村　ウケてたし（笑）。

――それがまさか（笑）。

安村　こんなに太って裸になって。もうわけわかんねえ（笑）。
——つかぬことをお伺いしますけど、水着はどこのやつなんですか？
安村　これ、水着は特注で作りましたね。最初はドンキで買った女性用水着を履いていて、それはガリットチュウの福島（善成）さんに「こういうことをやりたいんですけど、どうしたらいいんですか？」って聞いたら、「ドンキで女性用水着を買ってきて、前後ろを逆にはけ」って言われたんですよ。福島さんはそうしてるみたいな（笑）。「なるほど！」と思ってドンキで買ってきたのがこういう柄だったんですよ。
——ハイビスカス柄だったわけですね。そこからオリジナルにしようっていうきっかけはあったんですか？
安村　ドンキのやつ1枚でずっとやっていて、毎日手洗いしていたんですよ。それでめっちゃ忙しくなってきて「これはさすがにあれだな」と思っていたときに「何かグッズを出しませんか？」っていう話をもらって、そこでグッズを作ると称して自分のやつを作ろうと思って、作ったという感じですね。
——いまもグッズとして売っているんですか？
安村　これはもう売ってないです。あまり売れなかったし、「うわっ、安村のパンツか……」ってビンゴ大会のハズレ景品みたいな扱いだったんで（笑）。
——アハハハハ。何着くらいあるんですか？
安村　「一生分くらいほしい」って言ったんで、いまは50着くらい（笑）。

「逆に今後どうして行ったらいいかわからなくなっています。でも、やりたくないことはやりたくないんですよ（笑）」

——それはすなわち〝やり続ける宣言〟ですよね。相当の覚悟ですよ（笑）。いまおいくつでしたっけ？
安村　41です。
——身体にも気をつける歳になってきました？
安村　なってきましたねえ。ご飯を食べる前にまずもずくを食べるようにしています（笑）。
——いや、安村さんの芸は本当に健康体じゃないとダメじゃないですか。ちょっと体調を壊して痩せていたりなんかしたら……。
安村　変な痩せ方をしていたりとか（笑）。
——「あれ？　なんか変なキズあとがあるな……」みたいな（笑）。
安村　そうなんですよ。だから前よりは足が細くなってきたり、お尻の肉が垂れてきたりとかしていて、でもまだ張りがあるからできていますけど、これが50になったときですよね。

出川さんや上島さんみたいな感じもいいんですけど（笑）。

――ちゃんとボディメイクもしていかなきゃいけないですね（笑）。痩せてパンツが隠れなくなったら困りますもんね。でも一時期痩せてましたよね？

安村　はい。仕事でダイエット企画があって（笑）。

――見ていて「これ、隠れなくなっちゃうけど大丈夫なのかな？」って勝手に心配していましたよ。

安村　あのときは実際に隠れなくなっちゃっていて、関西とかに営業に行ったら「見えてんだよ、おい！」とかってよく言われてましたけど（笑）。

――じゃあ、やっぱりしっかりと隠れるようにボディメイクをしないと。

安村　いちおうお風呂に入ったあとに身体にクリームは塗っていますね。って、おじさんのボディケアなんてどうでもいい情報ですよね（笑）。でも大井さん、逆に今後どうして行ったらいいかわからなくなっていますよ。

――あっ、『ブリテンズ・ゴッド・タレント』に出て反響を生んだことで？

安村　やっぱり出てからの反響が凄くあるじゃないですか。それで会社からも「これからは海外向けにやったほうがいい」って凄く言われるんですよ。「ＴｉｋＴｏｋでいろんな国の言葉で動画を出したりしたほうがいい」とか「英語の勉強をしたほうがいい」とか。でも本当にやりたくなくて（笑）。

――とにかくやりたくない安村（笑）。でも1個掴んだときに欲が出てくる人もいるわけじゃないですか。

安村　それで、そうしたほうがいいみたいなときもあるじゃないですか。

――でもいまの話を聞いて、ボクも「それは似合わないな」としか思わなかったですね（笑）。急に安村さんが英語とか勉強し始めたら、「なんか必死に欲をかき出したな……」みたいな。

安村　そうなんですよ（笑）。自分からそこに向かって行くのはちょっと違うんじゃないかなって。

――でもそれって最終的に売れない人ですよね（笑）。

安村　そうなんですよ。たぶん、それだとダメじゃないですか。

――売れる人は照れもなくちゃんとそこをやりますからね。

安村　ボクはそれができないというか、まあ、やりたくないんですよ（笑）。

「スベったりしたときに『俺、才能ないな』と思って涙することもある。でも20年以上やっていたら一生辞めないですよね」

――「べつにそんな海外でやりたいわけでもないしなあ」み

たいな。

安村　向こうに行ったときも、「ウケてもスベっても『ワイドナショー』に出られるんじゃねえか？」みたいなことぐらいしか考えていなかったんで（笑）。芸人で『ワイドナショー』に出るってなかなか難しくて、そのときどきで話題になった人しか出られないですよね。それで今回『ワイドナショー』に本当に出られたので、もういいかなって（笑）。

――『ブリテンズ・ゴッド・タレント』に関しては、もう安村さんの中では終わっている話なんですね（笑）。

安村　終わっているんですよ。満足しちゃっているんで（笑）。

――「海外のテレビショーに出て外国人を笑わせるって、カッコいいよね」ではないわけですね。

安村　まったくないですねえ。でも、もったいないかもしれないですよね。それもわかんない。

――まあ、そういう性格だからしょうがないですね。

安村　しょうがないですね。それはそれでいいですかね？

――いや、ボクは「らしいな」っていう感じがしますよ。本当に目の前のことだけを考えていてほしいですもん（笑）。

安村　あっ、本当ですか？　……じゃあ、いっか。それがやっぱりいちばんいいですよね（笑）。

――やっぱりそのほうがサイズが合っていますよね。

安村　なんか自分の技術だったり性格的に新しいこととかは無理だと思いますね。自分がやりたいときにやりたい（笑）。

――いまでもネタ自体はずっと生み出し続けているんだから、それでいいんだと思います。とにかく明るい安村が、泣きたくなることもあったりするんですか？

安村　ありますよ。風呂に入ってシャワーを浴びながら泣いたことも何回もあります（笑）。

――それはなんですか、「今日はウケなかったな……」ってことで？

安村　ウケなくて、スベりまくって、考えちゃうんですよね。「俺、お笑いに向いていないんじゃないか……」とか。

――いまもなお？

安村　いまもなお。

――へえー！

安村　そうしたら風呂場でなんか涙が出てきちゃって（笑）。でも、やるしかないじゃないですか。それとどうせ絶対に辞めないじゃないですか。

――やっぱりそれは自分でもわかっています？「俺にはもうこれしかないしな」と。

安村　わかっています。だって20年以上やっていたら一生辞めないですよね。楽しいし。でもスベったりして「俺、才能ないな」と思って涙することもある（笑）。

――意外ですよ。ずっと明るいのかなと思っていました（笑）。

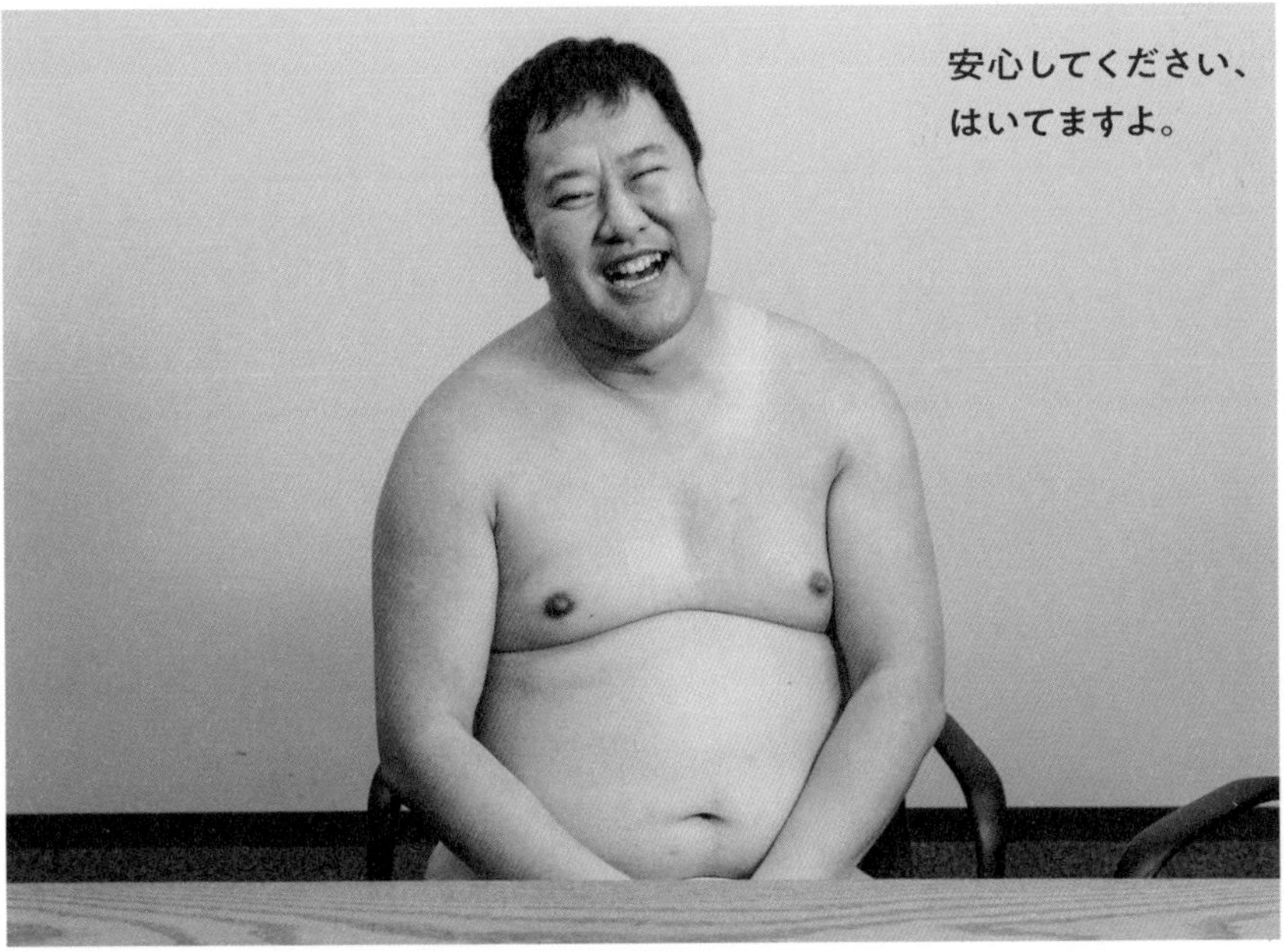

安村　全然明るくないんです（笑）。

――でも生きながらにして芸人だから、そこもなんとかするんでしょうね。

安村　たぶんそうだと思いますね。一生やるっきゃないですもんね。もうしょうがないっスね（笑）。将来、自分がどうなっていくんだろうなって思うんですよ、どういうポジションになるのかなってたまにふと。

――ずっとこんな感じじゃないですか？

安村　こんな感じでずっといけますかね？

――だから本当に身体さえ壊さないでほしいなっていう感じですね（笑）。

安村　わかりました。健康には気をつけます（笑）。

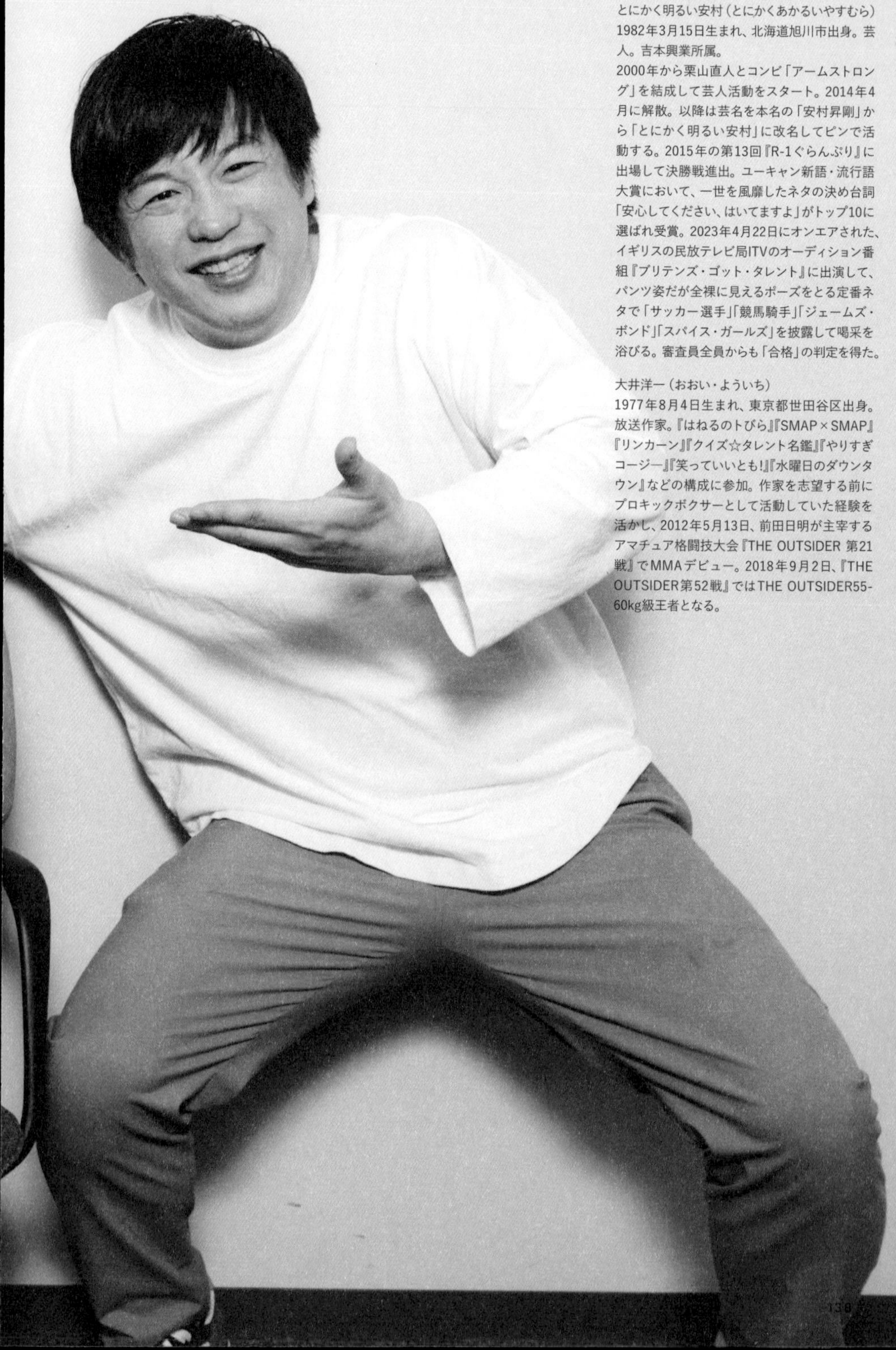

とにかく明るい安村（とにかくあかるいやすむら）
1982年3月15日生まれ、北海道旭川市出身。芸人。吉本興業所属。
2000年から栗山直人とコンビ「アームストロング」を結成して芸人活動をスタート。2014年4月に解散。以降は芸名を本名の「安村昇剛」から「とにかく明るい安村」に改名してピンで活動する。2015年の第13回『R-1ぐらんぷり』に出場して決勝戦進出。ユーキャン新語・流行語大賞において、一世を風靡したネタの決め台詞「安心してください、はいてますよ」がトップ10に選ばれ受賞。2023年4月22日にオンエアされた、イギリスの民放テレビ局ITVのオーディション番組『ブリテンズ・ゴット・タレント』に出演して、パンツ姿だが全裸に見えるポーズをとる定番ネタで「サッカー選手」「競馬騎手」「ジェームズ・ボンド」「スパイス・ガールズ」を披露して喝采を浴びる。審査員全員からも「合格」の判定を得た。

大井洋一（おおい・よういち）
1977年8月4日生まれ、東京都世田谷区出身。放送作家。『はねるのトびら』『SMAP×SMAP』『リンカーン』『クイズ☆タレント名鑑』『やりすぎコージー』『笑っていいとも!』『水曜日のダウンタウン』などの構成に参加。作家を志望する前にプロキックボクサーとして活動していた経験を活かし、2012年5月13日、前田日明が主宰するアマチュア格闘技大会『THE OUTSIDER 第21戦』でMMAデビュー。2018年9月2日、『THE OUTSIDER第52戦』ではTHE OUTSIDER55-60kg級王者となる。

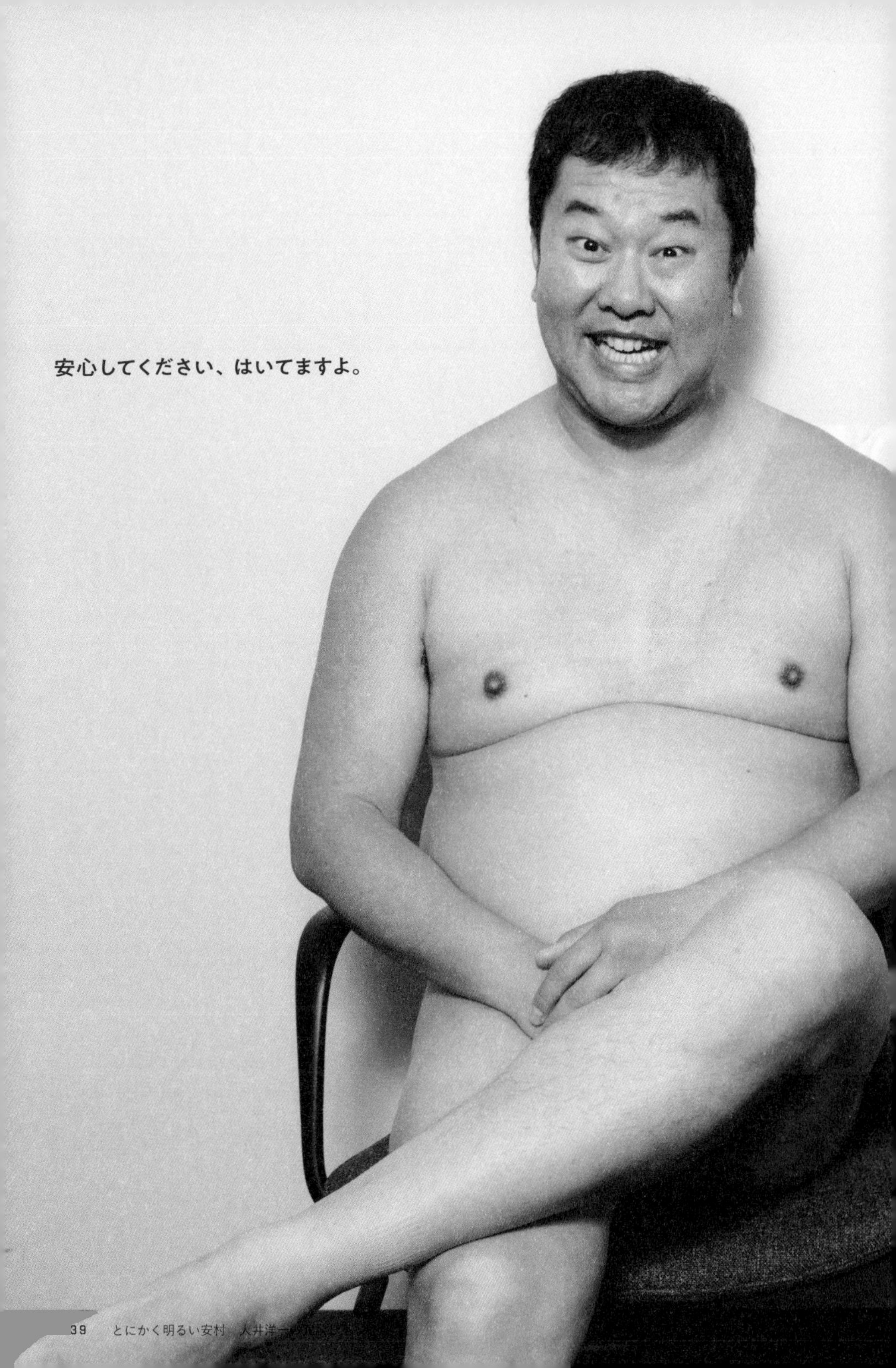

安心してください、はいてますよ。

兵庫慎司のプロレスとまったく関係なくはない話

第96回 神様ありがとう、今日はフェスです。

兵庫慎司

（ひょうご・しんじ）1968年生まれ、広島出身・東京在住、音楽などのライター。5月のコロナ5類移行を待たずして、今年は春から各地のフェスが例年どおりの規模で行われるようになりました。なので、4月29・30日アラバキ、5月3日JAPAN JAM、4日OTODAMA、6日VIVA LA ROCK、と、フェス三昧なGWを過ごし、それらの間にSaucy Dog、The Street Sliders、Hump Backの日本武道館にも行きました。が、仕事でレポを書いたのはサウシーとスライダーズのみで、他は、ただ観たくて行っただけです。ライターとして、だいぶ終わってると思います、自分でも。

神様ありがとう、今日はフェスです。

って、ご存知ですか？ 音楽フェスに行ったことがない人はご存知ないかもしれないが、背中にそうプリントされているTシャツがあるのだ。つまり、個別のフェスやアーティストに紐付いていない、「フェスというもの全体」に対応しているグッズなわけで、最初に知った時は「なるほど、うまい商売を考えたな」と感心した。

もともとは「TGIF！」こと「THANKS GOD IT,S FES！」という、バッグのブランドだそうで、「フェスTやバンドTを着るように、『フェスバッグを持ってフェス（ライブ）へ！』という思いから誕生しました」（公式サイトより）とのこと。そのブランドがTシャツも作っていて、それが背中に日本語で「神様ありがとう、今日はフェスです。」とプリントされているやつ。で、バッグ以上に売れている、もしくは身に付けているとバッグより目立つから視認しやすい、ということなのだろう。

着ている人を、あちこちのフェスで見かけるようになってから、15年以上は経っていると思う。お客さんたちに好かれているだけでなく、宮城のアラバキロックフェスに出店していたり、毎年秋のぴあのフェス「PMC」ではスタッフのTシャツがこのブランドだったりして、今や、日本の音楽フェスの関連企業のひとつになっている。

というこのブランドにも、そのTシャツを好きなみなさんにも、文句をつける気はない。これだけ浸透しているし、愛されているんだから、むしろ変なのは自分のほうだ、という自覚はある。が、しかし、どうも、いかんともしがたく、この「神様ありがとう、今日はフェスです。」に、ずっと違和感を抱きっぱなしなのだった、僕は。

なぜ。神様がやっているもんじゃないじゃん、フェスって。人間とか企業とかがやっているもんじゃん。ということに尽きる。

人間が神様に感謝するのって、農業とか漁業とか牧畜とかの、天候や天変地異なんかの人智の及ばないものに左右される産業が、うまくいった場合じゃないですか。キリスト教の一家が、食事の前に全員揃って「主よ、今日も我々にパンを与え給うたことに感謝します」とお祈りを捧げるのは、食物全体が、（人間が作っているとしても）根本は自然界のものだからですよね。だから、パンを焼いたパン屋に感謝するんじゃなくて、神に感謝する、ってことですよね。

　でも、フェスの場合はそこで「いや、パン屋に感謝しろよ」って話にならない？　神様が司っているわけじゃないんだから。神様だって困ると思う。「え、今日はフェス？　知らんがな。わし関係ないがな」と。

　いや、でも、フェスってたいてい野外じゃないですか。野外って天気に左右されるよね。そこで晴れたら、感謝するべき相手は神様じゃない？　と、あなたは言うかもしれない。しかし、であればその場合、コピーは「神様ありがとう、今日は快晴です。」に、なるべきではないか。

　このTシャツを最初に見かけた当時、自分がロックフェスをやっている会社の社員で、フェスに関わる仕事もしていたから、よけい違和感を持ったのかもしれない。

　神様ありがとう？　いや、うちの会社がやってるんですけど。うち、会社ごと宗教に入っているとかないから、どこの神様とも関係ないんですけど。待てよ、でも、だから神様じゃなくて、フェスのプロデューサーであるうちの社長に感謝しろよ、というのも違うな。お客さんがチケットを買って来てくれるおかげで、毎年夏冬に開催できているんだから（※今は春もやっている）。なら、「自分ありがとう、今日はフェスです。」でいいんじゃない？　うーん……。

　あ、でも、あれよね、「ありがとう」と誰かに感謝することで、今日はフェスだというれしい気持ちを表明したいから、このTシャツが売れ続けているわけよね。で、俺が「神様」がおかしいと思うなら、じゃあそれに代わるふさわしい名詞を考えろよ、ということになる。なんだろう。誰だろう。

　と考えて、思いついた。これだ。

　日高さんありがとう、今日はフェスです。

　今の日本は音楽フェス大国だが、これらが始まったのは、1997年のフジロックフェスティバル以降である。全国各地のイベンターや出版社や放送局などが、フジロックに続いたから、現在があるわけだ。

　たとえば「渋谷さんありがとう」だと、ロッキング・オン社のフェスでしか着れないし、「清水さんありがとう」だと、サマーソニックと大阪のOTODAMAにしか適応しない（どちらもプロデューサーが清水さん）。しかし、スマッシュの社長（当時）であり、フジロックフェスティバルを立ち上げた日高正博氏なら、どのフェスで感謝を捧げられてもおかしくない。そもそも日高さんがフジロックを始めなければ、日本にフェスはありませんでした、もしあっても、今とは違うものになっていたでしょう、という意味で。

　さらに遡ると、日高氏はイギリスのグラストンベリー・フェスティバルに行って、「これを日本でも」とフジロックを始めたんだから、グラストンの創始者のマイケル・イービスに感謝することにしよう、という手もある。しかし「マイケルありがとう、今日はフェスです。」だと、なんか、ジャクソンとかシェンカーとかモンローとかマクドナルドとかが、フェスに出そうな感じになるし。「イービスありがとう、今日はフェスです。」だと「新日の渡辺高章？」「それはイービル」ってことになりそうだし。

　なので、日高さんってことでいかがでしょうか。誰か作ってくれないかな。あ、井上編集長、HOLY SHITで作りません？

三又又三が
大学の特別講師に招かれたという。
しかもゼミのテーマは
『コミュニケーション能力の向上』？
大学側はいったい
どういうつもりなのか
潜入してみた。

三又又三［芸人］
高橋新平［東京農業大学教授］

「俺は高卒なんで最初は大学の
キャンパスという未知の空間に飲まれちゃったけど、
教えるというのは教わるということだからさ」
「学校は本来は専門領域だけを
教えていればいいはずですが、 社会に出ていく上で
絶対にコミュニケーション力って必要なんです」

収録日：2023 年 5 月 8 日
撮影：タイコウクニヨシ
構成：井上崇宏

今年4月より、なんと三又又三が東京農業大学の特別講師に招かれた。

三又がなぜ大学の講師に……!?

しかもゼミのテーマは『コミュニケーション能力の向上』というから、ますます三又起用に「?」マークがつく。

今回、三又を招き入れたのは、同大学の高橋新平教授。高橋教授が、いったいどういうつもりなのかを確認するべく、井上がこの特別講義の1・2回目を受講。

正直、当初は野次馬のような態度で臨んだのだが……足を踏み入れた教室にはコロナがもたらした社会の変化に翻弄された学生たちの、新たな一歩を踏み出そうとする尊い姿があったのだった——。
※『KAMINOGE』としては、2020年夏に〝さらば愛しき人よ。三又又三、『KAMINOGE』ラストインタビュー!!〟と銘打った企画を最後に三又とは絶縁状態であったが、このたび三又から「東京農大って事務所から近いだろ? おもしろいモン見せてやるよ」という不躾で挑発的な電話を受けてしまったことで、いったん和解と相成りました。
今回が本当のラストインタビューです。

「いまの学生たちはコロナ禍もあり、他人とほとんど接することのない状況が2、3年あったコたちなんです」(高橋)

——いま、東京農業大学で三又又三さんが特別講師をやっているという情報を聞きつけて、今日はノコノコとやってきてしまいました。じつは三又さんとは絶縁していたんですが。
高橋 えっ、絶縁ですか(笑)。
三又 記憶にない。絶縁してねぇよ。
——自分は本当に三又さんとはかなりのわだかまりがありますので、今日は途中で不穏な空気になることもあるかもしれませんが、どうぞよろしくお願いいたします。
高橋 いえいえ、全然。とことんモメていただけたら(ニッコリ)。
——ありがとうございます。今回のこのとんでもない講義を発案されたのが高橋先生ですね?
高橋 そうですね。私の知り合いのお宅でバーベキューをやるというのでうかがった際、そこに三又さんもいらしていて。
三又 偶然、共通の知人がいたというね。
高橋 そこで初めて三又さんとお会いして、いろいろな話をお聞きして、スベリもツッコミもたくさんの話題をお持ちの人だということを知りまして。

三又　俺、そこで調子に乗って漫談を20、30分やったんですよ。

——その漫談で、先生は三又さんを見初めたわけですか。

高橋　そうなるんですかね。いまの学生たちはコロナ禍もあり、他人とほとんど接することのない状況というのが2、3年あったコたちなんですね。パソコンに向かってカメラを通して会話をすることは得意だし、パソコン自体の使い方だってめちゃくちゃうまい。ただ、就職活動の面接で「うまく話すことができなかった」という学生の声を多く聞いて、これはなんとかクリアしてあげることができないか、それはゼミの役目なのではないかと思ったんです。

三又　今年大学に入ってきた1年生なんかは、コロナでほとんど高校に通えていないっていうんだよ。

——同級生の顔もよく知らないとかって聞きますよね。そうして他者との直接的なコミュニケーションを図ることが困難となっている学生たちのために、『コミュニケーション能力の向上』をテーマにした講義をおこなうことにしたと。

高橋　そういうことです。

——三又又三が講師で（笑）。

三又　なんもおかしくねえよ。

高橋　さきほど終わったゼミが2回目でしたけど、今日は三又さんにMCをやってもらって、学生たちに自分の〝推し〟についてひとりずつ、みんなの前で発表してもらいました。

三又　ひとり3分の制限時間を設けてね。

高橋　そこで、それぞれ「ゲーム実況が好きです」とか「お酒はウイスキーが好きで」っていうような話をしていましたけど、それって同じゼミの学生たちも今日まで知らなかった情報だと思うんですよ。

三又　だって会えなかったわけですもんね。俺が高校生のときなんて、大学に進学する連中に「いいなあ、4年間合コンやれるじゃん」みたいなことを言ってましたけど、いまって合コンもないでしょ？

高橋　合コンはありますよ。

三又　あっ、あるんですか。

高橋　それもできなくて残念だって落ち込んでいたのがコロナの時期ですよね。そういう背景があったので、今回ぜひ三又さんに来ていただいて、学生たちにいろんなお話をしていただきたいなと思ったんです。

三又　俺ね、じつはいま武田鉄矢さんの講演会の司会をやらせてもらっているんですよ。しかも武田さんはラスト30分の時間でボクにフリートークをやらせてくれるんです。

高橋　それは武田さんとおふたりでまわられているんですか？

三又　はい。だからこなれたもんで、今日のゼミも俺はMCに徹して、緊張して固くなっている学生をやわらかくさせた

SOLDIER
TEAM

りして。「あっ、これは話が3分もたないな」と思ったら「それは知ってるぞ、俺も」って合いの手を入れたりしてね。

——ボクも1回目と今日の2回目の講ゼミを拝聴させていただきましたけど、1回目なんかは学生たちよりも三又さんのほうが固かったように見えました。

三又 それはしょうがねえよ。最初だもん。学生とどう接していいのかわからなかったんだよ。

「俺は本職だぞ？ いいかげんにしとけよ。俺が話をおもしろくすればいいだけだよ。この問題は俺がどうにかする」(三又)

——一発勝負の面接と同じシチュエーションなんですけどね。

高橋 じゃあ、普段のお仕事とは疲れ方が違うんじゃないですか？

三又 たしかに1回目は疲れましたけど、今日は爽快です。

高橋 えっ、今日は爽快？

——「この程度で爽快な気分になっているのか？」という意味ですか？(笑)。

高橋 そうではないですけど(笑)。

三又 たしかに前回は勝手がわからなかったからヤバかったけどね。あとは大学のキャンパスという未知の空間にも飲まれちゃったというか。俺は高卒なんで。

——じゃあ、三又さん自身も若い学生たちと接することで、また新たなコミュニケーション術を手に入れていく感じで。

三又 もちろん。「教えるというのは教わるということ」だからさ。

——高橋先生。自分の知り合いの中で、コミュニケーション力が低めなのがこちらの三又さんです。

高橋 そうなんですか(笑)。

三又 おい。そういう話はいまはやめておけ。

高橋 いや、次回も今日の続きをまだ発表していない学生たちでやろうと思っているんですけど、このパターンを続けると、今日聴いていた側のコたちは「次回は俺の番だ」ってなるわけですよね。だから頭の中でいろんなことを思い巡らせながら、次回やって来ると思うんですよ。それを繰り返しやっていくうちにお互いの認識ができるわけですから、じつはそこから先のコミュニケーションが非常に速くなるんです。

三又 まさにそこですよ。

高橋 ですから何回かのシリーズの中で、彼ら全員がみんなの前で話をする機会を2回、3回、4回と繰り返して作っていけたらなと。専門の教育も大事なんですけど、いまの状況から見ると、そこをもうちょっとやってあげないとまずいんじゃないかと。

三又 どうにかしますよ、俺が。みんなの前で何かを発表するという今回のゼミスタイルでやっていたら、学生たちは「あれ、みんな、ここに食いつくんだ?」とか「ここで笑うんだ?」って気づく。それってもの凄く勉強になりますからね。だって芸人もそうですもん。それはやっぱり普段からしゃべらないと無理ですから。

高橋　プロの芸人さんもそうなんですね。

三又　さっそくこの間、楽屋で武田さんから「おう、大学のやつ、どうだった?」って聞かれたんですけど、武田さんも認識しているのは若者たちとの共通言語の違いなんですよ。たとえばいままでは鉄板だった高倉健さんのエピソードを、いまの若いコたちに話しても高倉健さん自体を知らない。ボクが講義で「映画は『ロッキー』が好きだ」と言っても、誰もシルベスター・スタローンを知らなかったから「えっ!?」ってなったのと同じようにね。だからそういう部分でも「ちゃんと若者にも伝わるような話をしなきゃな」っていうふうに考えるようになったし。

——あれ?　でも今日も積極的に武田鉄矢さんの話を学生たちにしていましたよね?　みんな「知らない」って言ってたのに。

三又　はあ?　いやいや、俺は本職だぞ?　いいかげんにしとけよ。それは俺が話をおもしろくすればいいだけじゃん。だから知らなくていいのよ。「よーし、知らないんだったら俺が起こすぞ」っていうさ。むしろ知らないほうがいいくらいだよ。

——(えーーっ!　だったら、共通言語の違いが気になるとかどうとか言ってんじゃねえよ……)

高橋　まあ、学生たちは気になったことはすぐにスマホで調べちゃいますしね。

三又　俺が今日学生たちに仕込んだ「J・O・D・A・N!」っていうポーズにしてもさ、あとでググったら、あの手足の短い武田鉄矢さんが本当にやっていたんだってことを知るわけでしょ。それを観たらおもしろいに決まってるんですよ。

——三又さん、すみませんでした。プロの芸人さんに向かってナメたことを言ってしまいました……。

三又　わかればいいのよ。まあ、俺も一瞬「ウソだろ?　シルベスター・スタローンも知らないのか……」って一瞬ショックだったけどね(ニッコリ)。ただ、やっぱり何かを好きになると絶対に掘っていくからね。たとえばロックが好きになったらその歴史を掘っていくしさ。今日もミナミちゃんという学生が「Ａｌｅｘｓａｎｄｒｏｓというバンドが好きです」って言っていたから、俺は聞きましたもん。「クロマニヨンズは知ってる?」って。そうしたら「知らない」って言うから「じゃあ、今日聴きなよ」ってね。いいんだよ。

俺が子どもの頃に「猪木！　猪木！」って言っているときに大人から「力道山のほうが迫力あったわ」なんて言われて「知らねえよ、力道山の時代なんて……」っていうのと同じじゃないですか。

「挨拶ができなかったり、ちゃんと伝えなきゃいけないことなのにその声が聞こえなかったりするんですよ」（高橋）

――そこで三又さんは掘りに行かなかったという話ですね。

高橋　ウチの大学って、将来は公園をデザインしたり、防衛庁跡地にある東京ミッドタウンのような緑地空間を作りたいという夢を持った学生たちばかりなんですね。だからデザインも勉強するし、設計も勉強するし、植物についてもたくさん勉強している。そういう専門科目を勉強して、将来はそういう仕事に就きたいという学生が1学年で130名、それが4学年いるわけです。

――ちゃんと明確な目標を持って大学で勉強していると。

高橋　それで、そういう専門領域って年代とかはあまり関係ないんですね。いまの世の中がどうだとか、若者世代と我々世代の共通言語がどこにあるかというのはほぼ気にしないんです。日常生活で世代間のズレとかはあるかもしれないですけど、こと授業やゼミとかにおいてはそういうのはいっさい

関係なくて、これまでの知識と、教科書に書いてあることがあって、だけどそれとは違う現実もある。「そこの違うということをいっぱい知っていくと、逆に教科書に書いてあることにもつながるかもしれないね」という事例をたくさん伝えていくぶんにはこういう機会ってやる意味があると思うんですよ。そういう関係性の中では、シルベスター・スタローンを知っている、知っていないとかっていう年代差はあまり感じないですから。

三又　それはいいですね。

高橋　ただ、専門領域以外の、世の中のいろんな話をするときには、たしかにその世代間のズレというのはどうしてもありますよね。

三又　それはありますよね。

高橋　だから「学校はどこまでの領域を気にするべきか?」っていうところはありますよ。本来は専門領域だけを教えていればいいはずで、それをさらに突き詰めたら研究の領域になる。だから3、4年生は研究の話がメインになるんですけど、それこそ彼らがこれから社会に出てやろうとしている夢もあるので、そこを進めていく上ではやっぱりコミュニケーション力って絶対に必要なんです。なのに挨拶ができなかったり、ちゃんと伝えなきゃいけないことなのにその声が聞こえなかったりするんですよ。

三又　まあ、今日も全体的に学生たちの声は小さかったですよ。

高橋　小さいんです。だから人にちゃんとわかってもらおうという姿勢がまだまだかなと。

三又　でも先生、そこは慣れですよ。俺だってできていなかったんだから。

高橋　難しいところですよね。

三又　ただ、慣れたら強いです。就職の面接なんて屁でもないですよ。

——三又さん、結局のところコミュニケーションってなんですか?

三又　はい?　それは皮膚感覚というか、頭でっかちでもダメだよってことじゃないの?　人としゃべって笑うなりなんなり、とにかくリアクションをすることがコミュニケーションであって、それは家でひとりパソコンを開いていてもしょうがない。やっぱり自分が思ったことを生身の人間に話して、っていうことですよ。

——いや、そうじゃなくて、普段三又さんが人とのコミュニケーションで心がけていることを教えてください。

三又　はあ?　あのさ、俺は「この間、こんなことがあった」を話して55年も生きてるんだよ?

——だから、そこのテクニックをいま言葉にしてほしいなと

TOKYO

思ったんですが。
三又　日常であったことをおもしろおかしく話すように意識するってことでしょうよ。
――うーん……。三又さんはこれまでの人生、人とのコミュニケーションはうまくいってるんですか？
三又　いったり、いかなかったりですよ。
――なんでうまくいかないことがあるんですか（笑）。
三又　それは合わない人間だっているからね。
――合わない人間ともとりあえず合わせられるのがコミュニケーション力じゃないんですか？
三又　それは調和力だよな。
――その調和を取るんですか？
三又　そりゃ取るだろ。
――いまのこの感じも、三又さんのコミュニケーション術のひとつだと思うんですけど、「おまえ、今日は高橋先生の前で絶対に俺をいじるんじゃねえぞ？」っていう圧を凄く感じるんですけど（笑）。
高橋　えっ、そうなんですか？（笑）。
――先生にもこの見えないプレッシャーみたいなものは伝わっていますよね？「あれ、三又さん、今日はなんかちょっと怖いな……」みたいな（笑）。
高橋　うーん……（笑）。

「俺もアップデートしているつもりだけど、じゃあ、なんで俺のエロの表現はダメで村上春樹の性描写はいいんだよ？」（三又）

三又　いやいや、先生。俺は井上とも長いんでね。いいセックスのときもあれば、ダメなセックスのときもあって、こっちがまだ濡れてねえのに挿れてこようとするときがあるんですよ。井上、それはダメじゃん。
――気色わる。そういうセックスたとえ、いまはもうダメですよ。
三又　えっ、『KAMINOGE』でも？
――『KAMINOGE』ではいいけど。
高橋　『KAMINOGE』ではいいんですね（笑）。
――ぶっちゃけ、前回と今日のゼミ中、三又さんの発言でヒヤッとする場面が何箇所もありましたから。
三又　えっ、マジで？　本当なら申し訳ないけど、これから俺が言うことは載せてね。じゃあ、なんで俺のエロの表現はダメで村上春樹の性描写はいいんだよ？　おかしいだろ、それは。
――それは文学でしょ。そうじゃなくて、大学の構内におけるゼミ中においてはそれはハラスメントにもなりうるっていうことですよ。それをボクが思うくらいだから、三又さんはアップデートできていないんですよ。

三又　アップデートしているつもりだけどな。どうした井上、今日は〝○○〟か？

——だからそれだよ!!（笑）。

三又　これか!!

——今日もひとりの学生さんが「○○○が好き」っていう話をしていたとき、「ああ、それは俺も昔ねえ、試してみたんだよ。でもよくわかんなかったな」っていう、その言い方がなんかちょっと相手をナメてるんですよ。

三又　ウソ〜？

——マジで。「おじさんもわかるよ〜」なんて態度を取ってるけど、「結局、○○○だと会話にならねえからさ。アハハハハ〜」みたいな。

三又　俺、ちゃんと歩み寄りができてないんだ!?

——学生に自分の推しを話をさせておいて、聞いてそういう態度はダメだろって話ですよ。

三又　なるほどな。

——ただ、そういうことを知れるというのもゼミならではですよね。

三又　そうだよな。「もっと何か適切ないい言葉があるぞ」っていうことだよね。

——もっといい言葉があるとかじゃなく、三又さんは根底で人をちょっと小馬鹿にしているんですよ。

三又　まあねえ。

——「まあねえ」じゃなくて。それとか事務所の女性マネージャーさんのことを学生たちに紹介するとき、「コイツは」って言っていたでしょ？

三又　もういい、わかった!!　じゃあ、高橋先生にお聞きします。「おまえら、彼女はできたか？」とか「キミ、彼氏はできた？」とかって聞くのはいまはダメっていうのを意識して普段しゃべっているんですか？

高橋　いや、場合によっては言うときもありますよ。

三又　ですよね！

——だから場合によってはですよ。

高橋　そうですね。たとえばウチのゼミと別の学部のゼミとで学内で合同ゼミをやるんですよ。それはなぜやるのかと言うと、研究の領域で似た分野っていうのがたくさんあるわけですね。だから私も別の学部の教授と共同でプロジェクトをやったりしていて、「じゃあ、ウチの学生たちとそちらの学生たちは研究の領域が似ているので、ちょっとみんなで集まってゼミをやりましょう。それで終わったらみんなでお酒を飲みましょうか」ということでやるわけですよ。そうすると向こうのゼミは女子学生が多かったので「こんなに女子がたくさんいるんだから、この中で結婚して子どもができたら、

子どもをまた農大に入れるんだぞ」みたいな話をして、「学生時代のいろんな経験が大事だからね。そうやってきたOB・OGもいるんだぞ。だからがんばれ！」って言うんですけど。

三又　あっ、べつにそれはいいよね。

——高橋先生が言うのはオッケーな感じがしますね。清潔感がありますし。

三又　おい。

——やっぱり言う側のキャラクターの部分って大きいですよね。だから難しいとも言えますし。

高橋　そこは私たちもちょっと気をつけなきゃいけないでしょうね。普段から意識はしていますけど。

「無神経な言動は学生を潰してしまうことになってしまう。だからいま教える側はみんな気をつけています」（高橋）

三又　でも、そこはもう気にしすぎたらダメですよ。いや、気にはするけど、そこを気にしすぎたらしゃべれなくなっちゃいますよね。

高橋　たとえばですけど、今日みたいなゼミのときにいきなり私が無神経に「はい、じゃあ、キミ発表してみて」と言って、学生がしどろもどろになったとするじゃないですか。そのとき、みんなの前で「いまのはダメだったね」とか「そこはこういうふうに言おうよ」っていうことを本人に言って、まわりにも伝えてしまうという言動はそのコを潰してしまうことになってしまうんです。

三又　吊るしあげというか。

高橋　だからそれはいっさいやらないです。それは教える側はみんな気をつけていますよ。

三又　自分が笑わせたかったらいいんですけどね。笑われてそうなったら傷つくよな。

高橋　ただ、その雰囲気をちゃんと読める学生もいるわけですよ。「わかりました。いまの私のやつはここととここがダメなんですね。今度やるときはそこを改善してきます」って切り替えしてくれるセンスを持った学生もいて、そことはもうツーツーでいろんなことができる。学生もひとりの人間ですし、私たちもそうなので。

三又　今日は〝推し〟というね、いま自分が夢中になっているもの、好きなことをテーマに話すのって、みんな緊張はしつつも、ガッと活き活きする瞬間が何度もありましたよね。それはよかったですね。

高橋　いや、学生たちのリアクションがまだ少ないですよ。それぞれ、みんな何か思っているはずなんですけど、相づちを打つ人間が少なかったり、質問する人間がいなかったり。

――まあ、三又又三ライブですからね。

三又　おまえさ……。あっ、そういえば井上も大学生のコを持つお父さんじゃん。

――だから思ったのは、息子に「今日は大学でなにやった？」って聞いて「なんか三又又三っていう人がゼミをしに来て」って言ったら、たぶんボクは大学に電話しますね。「おい、学費返せ、コラ！」って。

高橋　アッハッハッハッハ！

三又　てめえ……。こんなにいいのねえだろ。「できることならウチの息子もこういうゼミに通わせたいわ」だろ。それはいちばんダメな親父だよ。なんもわかってねえじゃん。

――いや、俺は三又さんのことがわかってるから。

三又　ああ、リアルにな（笑）。

――まあ、冗談です。J・O・D・A・N。

三又　ほら、おまえも俺のせいですっかり武田さんの虜じゃん。きのう武田さんがテレビで「人に講演するというのはどういうことか」っていう話をしていてさ、それをたまたま観てたんだよ。そうしたら「教師とか大学教授のように物事を額面通りに教えることは誰でもできるんです。だけど余計なことを話す、なんならちょっと問題発言をするくらいの先生がいちばんいいんですよ」みたいなことを言っていたよ。だからそこの部分は俺が参加することで全部補えばいいでしょ。

――でもボクはまだお会いして2回目ですが、こちらの高橋先生のコミュニケーション能力は相当高いとお見受けしましたよ。

高橋　私が？　いやいや、そんなことないですよ。もう検討事項がたくさんありますから。

三又　本当ですか？　教授同士とかで？

高橋　まあまあ、いろいろあるんですよ（笑）。

三又　そっかあ。でもまあ、それが人間だよなあ。

——なんか最後の回で学生たちの声を聞きたいですね。「で、又三先生はどうだった？」って。

高橋　はい。それは最後のほうにやりたいなと思っています。

三又　いいですよ、それはやんなくて。

——もう忖度なしの言葉がほしいですね。「絶対に怒らないから」って約束して。

三又　いや、俺はあまりにも失礼な意見があったら、「いやいや、おまえ、何を言ってるんだ。俺の顔色を見ろ。コミュニケーションが取れてないぞ」って言うよ。それはそうでしょ。

「井上、おまえは聞き手なんだよ。
内心ではどう思っていても『なるほど』とか
『そうなんですね』だろ。なんなんだよ？」（三又）

——なんかひさしぶりに会ってみたら、三又さんって順調に老害ですよね。

三又　おいっ！

高橋　アハハハハ！

——先生、めっちゃ笑ってますね（笑）。いや、高橋先生はとぼけたふりをされていますけど、何か掴んでいらっしゃいますよね？

高橋　どういうことですか？

三又　そりゃそうでしょ。人前で何十年もずっと話してるんだから、これはもう教授という名の芸人じゃん。

——いや、違います。掴んでいるっていうのは「三又又三さんを大学の特別講師にお招きしました」というオモロの破壊力を把握していらっしゃるんですよ。

三又　あっ、そこはセンスだよね。先生はセンスあるもん。

——いや、違います。「おい、なんで三又なんだよ!?」という世間の反応を予測して楽しんでいらっしゃるんですよ、絶対。

高橋　いやあ（笑）。

——先生はご家族の方とかに「三又さんが今度来るんだよ」みたいなお話ってされました？

高橋　あっ、してますね。そうしたら「えっ、あんたにできるの？」って（笑）。要するに学生たちと三又さんの橋渡しを私ができるのかっていうことを言うんですよ。

三又　まあ、橋は俺が勝手に渡るから問題ないですよ。
——えっ、勝手に？
三又　……っていうかさ、井上。おまえは聞き手なんだよ。そこは内心ではどう思っていても、「なるほど」とか「そうなんですね」だろ。なんなんだよ、おまえ？　俺のインタビューのときだけいつもスタンスがおかしいんだって。
——いや、そんなことはないですよ（笑）。
三又　ほら、笑ってるってことはそうじゃん。
——じゃあ、もうぶっちゃけますよ。今日は無礼講ですよね？
三又　いや、無礼講じゃない。俺は攻められたらすぐに攻め返すよ。
——たぶん、三又さんは誌面とかに出ちゃいけない人なんだと思います。
三又　なんでだよ！　じゃあ、俺は何をすればいいんだよ？
——いやいや、先生がいらっしゃる前なので、ギクシャクするのはやめましょう。
高橋　いえ、まったく気にせずにどうぞ、どうぞ（笑）。
三又　わざとギクシャクするように持ってくるからだろ。まあ、大丈夫だよ。今日はゼミが楽しかったから精神的に全然余裕があるから。
——先生、このゼミは全何回を予定されているんですか？
三又　1年ですよ。ねっ？
高橋　いや、えっと……（笑）。
三又　いや、最初に「1年間」って言ってたもん。
高橋　いやいや、1年とは言っていないですよ（笑）。大学の1年間というのは前期と後期に分けられているので、「まずは前期の期間内で考えましょう」と言ったはずですね。
——要するに夏休み前までですね。
高橋　前期は7月末までです。
三又　ええ——っ!?

「私はOBの方たちからバンバン叱られるわけですよ。『おまえは何を教育してるんだ』って怒られるんですよ（笑）」（高橋）

——もう、あっちゅう間ですよ（笑）。
三又　えっ、次は6月でしたっけ？
高橋　6月の頭ですね。全5回を予定しているので、あと3回。
三又　いやあ、すぐ終わっちゃうなあ……。なんか悲しくなってきたよ……。
高橋　悲しくなってきましたか（笑）。
三又　先生もなに笑ってんだよ……。まあ、そこは先生が「後期も三又又三で行きましょう」ってなればいいだけの話でしょ？

高橋　いや、周辺関係にもいろいろ確認を取ったりしなきゃいけないですからねえ。

――それか先生、ボクがもっといい芸人さんをたくさんご紹介しますよ。

三又　てめえ！　マジでそういうのいらねえんだよ！

――えっ？

三又　「えっ？」じゃねえだろ、てめえ。そういうのは俺、本当に気分が悪くなるぜ。

――いえ、ボクは高橋先生のお力になりたいだけなんです。

三又　んごっ！（笑）。

――鼻を鳴らして笑わないでくださいよ（笑）。高橋先生のお力になるということは、ひいては学生たちのため、ひいては日本の将来のためでもあるんですよ。

三又　俺も一緒に成長したいんだよ。

高橋　まあ、学生たちには自分の手と足を使って実験をやったり、調査したりする機会をできるだけ多く与えないとダメなんですね。それと同時にしゃべる機会というのもできるだけ与えて、話すトレーニングをたくさんしないといけないだろうなって思います。結局、それが卒業して会社に入ったとき、「今日やった業務のことを報告しろ」とか「1カ月ごとに報告書を書いて、それをプレゼンしろ」とかって言われたときにできないようではまずいですから。だから、それは学生のうちからトレーニングしておかなきゃいかんなと。

――素晴らしい先生ですね。

高橋　だって、そういう仕事をやっている業界の人たちはウチのOBが多いんですよ。そうすると私の遥か上の代の人たちから「この間、新卒でおまえのところの学生を採用したけどダメだ。なんにもできないじゃないか」って言われますから。

――そういうリアルな声があるんですね。

高橋　私はもうバンバン叱られるわけですよ（笑）。「何を教育してるんだ」って怒られるんですよ。

――でも難しい問題ですね。おそらく大学側の本音とすれば、そんなのは家とかバイト先、普段の日常生活の中で鍛えろってことだと思うんですよ。でも企業側のOBからしてみると、「ちゃんと学校が一人前に育ててから送り込めよ」っていうことですもんね。

高橋　しかも「おまえも俺の後輩じゃないか」って言われるわけですよ。会社を代表する、経営をする方々から（笑）。

三又　ああ、それはキツいわな。

――だけど、その先輩たちに対する高橋先生からの回答が、三又又三の投入ですもんね。

高橋　まっ、ある意味では（笑）。

――「先輩、まかせてください。秘密兵器がある」と。先生、余裕しゃくしゃくでカッコいいです（笑）。

三又　いや、井上。もうこのへんで充分だろ。今日は心地いいね、いい夜風が吹いてるよ。

高橋　（小声で井上に）また今度、ちょっと相談したいことがあるので連絡してもいいですか？

――もちろんです、先生。自分はいつでも大丈夫です。

三又　んごっ！（笑）。おいおい、聞こえてるから。そこ、絶対に直で連絡を取り合わないように！

三又又三（みまた・またぞう）
1967年5月27日生まれ、岩手県花巻市出身。芸人。株式会社TAP所属。
仙台育英学園高等学校を卒業後、芸人を目指して上京。当初はコロッケに弟子入りし、付き人をしていた。1992年から2007年まで、山崎まさやとのコンビ「ジョーダンズ」として活動。ドラマ『3年B組金八先生』の武田鉄矢演じる坂本金八のモノマネや、三又ダンスなどで人気を博する。2014年より東日本放送で初の冠番組『三又ノ番組』が放送されていたが、2018年に終了。2020年6月23日、YouTubeチャンネル「三又でーす。【三又又三】」を開設した（現在は開店休業中）。

坂本一弘

馬乗りゴリラビルジャーニー（仮）

第33回
「もっと」

構成：井上崇宏

（さかもと・かずひろ）
1969年3月4日生まれ、大阪府大阪市出身。
修斗プロデューサー/株式会社サステイン代表。

——今日の集合場所について、きのう坂本さんからふたつ候補をいただきまして、上野毛にあるイタリアンの店か、馬事公苑にあるロイホのどっちかということで、ボクは「ロイホでお願いします」と即答しましたよね？
ちゃんと意味があるんですよ。なんと、ここと目と鼻の先には東京農業大学。

坂本　はいはい。もう目の前に校舎が見えていますよ。それで農大がどうした？

——どうしたって、いま三又又三さんがコミュニケーション向上のためのゼミを開催している大学ですよ！

坂本　あっ、なんかその記事、ネットで見た（笑）。『KAMINOGE』ファミリーの三又さんがね。

——ファミリーではないです。あれ、坂本さんって三又さんと面識ありましたっけ？

坂本　面識というかなんかね、俺は昔、三又さんに10円もらったことがありますよ。なんか知らないけど一緒に移動でタクシーを使って、なぜか歳下の俺がタクシー代を払うってときに小銭が10円だけ足りなくて、「あっ、三又さん、ちょっと10円出してください」って言ったら「あー、はいはい」って言って出してくれたんですよ（笑）。

——「困ったときはお互い様だよ」と（笑）。

坂本　俺は三又又三に10円を出してもらったことがあるぞっていう自慢話ですね。あれ、三又さんって昔から「三又又三」って芸名じゃないですよね？　ビートたけしさんが名づけ親でしたっけ？

——そうです。ジョーダンズ時代は本名の「三又忠久」だったんですけど、ジョーダンズ解散後にたけしさんに「三又又三」と命名してもらって。ちなみにジョーダンズ結成前、コロッケさんの付き人をしていた時代の名前は、コロッケさん命名の「ハムエッグ」です。

坂本　井上さんって、三又さんのことはなんでも知ってるね。

——やめてください。でも本名含めて、名前は全部いいですよね。

坂本　名前でいうと、俺なんか親父に野球選

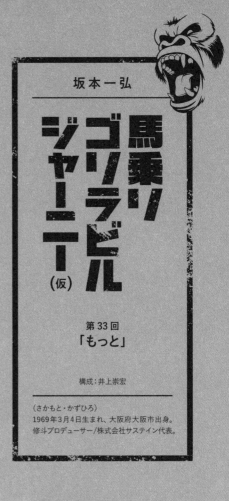

手の名前を勝手につけられちゃったけど、野球はやらなかったんだよな。

――えっ、「一弘」ですか？

坂本　山内一弘っていう野球選手がいたじゃないですか。

――えっ、山内一弘の「一弘」から取ったんですか？

坂本　そうですよ。親父が山内一弘の大ファンだからって適当に（笑）。まあ、当時は野球界のスーパースターだったんでしょうけど。

――「山内のようになれ」ってことでつけたんですかね。

坂本　いや、「なれ」じゃなくて自分が好きだからってだけで（笑）。だから、もし俺の親父が三又さんのことを好きだったとしたら「坂本又三」になっていたわけですよ。ごめんなさい、話を続けてください。

――でね、ボクは三又さんとはここ3年くらい疎遠だったんですけど、最後に会ったときに「俺にはいつか中野サンプラザで単独ライブをやるという夢がある」と熱く語っていたんですよ。

坂本　そういう夢をお持ちなんですね。

――さらに「もし、中野サンプラザで単独が決定したら、そのときはさすがに『KAMINOGE』で表紙にしてくれるか？」と言ってきたので「もちろんですよ！」と。だって絶対に無理じゃないですか。そしてそんな会話をしてから3年が経った今春、いきなり三又さんから着信が入ったので「うわっ、なんだ？」と思って。そうしたら向こうから「じつは中野サンプラザはまだ決まっていないんだけど……」と。というか、中野サンプラザって今年の7月に閉館するんですよね（笑）。

坂本　そうですか。なら、夢の実現はほぼ絶たれていますよ。

――じゃあ、なんだろうと思ったら「だけど今度、東京農大で特別講師をやらないかっていう話があって。それが決まったらさすがに『KAMINOGE』に出してもらってもいいだろ？」みたいな。ボクはそれも実現しない話だと思ったので「もちろんですよ！」と即答して。そうしたらマジで始まったので、先日そこの農大に潜入取材に行ってきました（笑）。まあ正直「おもしろそうだな」という気持ちもありましたし。

坂本　偉いですね。で、実際の現場もおもしろかったと。

――まず1回目のゼミ。コミュニケーションを向上させる術を学生たちに教えてほしくて芸人さんを招いているわけですけど、「ああ……どうもみなさん、こんにちは……」ってめちゃくちゃ本人だけガチガチに緊張してるんですよ（笑）。

坂本　やっぱめちゃくちゃおもしろいじゃん！（笑）。

――あとで聞いたら「俺は高卒だから、まずはキャンパスに飲まれたよ、井上」ということなんですけど。まず学生たちが三又さんのことを知らないというのもあり、そこからもう緊張でふわふわ状態の90分の時間があって、そのあとにそのゼミを企画した教授の先生と三又さんの対談を収録するという流れだったんですね。やっぱりボクも先生に「いったい、どういうつもりですか？」と聞きたいじゃないですか。

坂本　そこは俺だってどういうつもりなのか聞きたい。

――それで収録を始めたんですけど、三又さんは90分の惨劇から全然立ち直れていなくて、なんもしゃべんないんですよ。だから「いったい、どういうつもりですか？」と。

坂本　同じ質問を今度は三又さんのほうにしてね。そこはジャーナリズムとして追及の手を緩めるわけにはいかないですよ（笑）。

――いや、自分から取材しろと言ってきてこれですかと。でも先生のほうは凄くおもしろい方なんですよ。まあ、三又又三を特別講師で大学に招こうってことを思いつくくらいなので、ある意味でセンスがいいんですよね。本物のインテリだなっていう（笑）。

坂本　わかるわかる（笑）。

――そんなこんながあっての後日、三又さんからまた電話があって「やっぱ対談は録り直しだ。あの日の俺はどうかしてた。2回目のゼミのあとにまたやろう」と。

坂本　やっぱあの人は凄いな。それでまた井上さんは足を運んだんですね？

――そうなんです。いや、先生は本当にいい方で、学生さんたちもみんないいコたちなんですよ（笑）。なので、この坂本さんのページでちょっと糾弾してやろうかと思って（笑）。

坂本　えっ？　はっ？　俺を使って？　まあ、べつにいいですけど（笑）。

――坂本さんはボクの愚痴をただ聞いてくれているだけでいいです（笑）。

坂本　まあ、三又さんって不思議な方ですよね。芸人さんでも稀なタイプというか。

――本当に特殊です。「三又さん、とどのつまりコミュニケーションとはなんですか？」って聞いたら、「は？　俺は何十年もしゃべりで食ってるプロの芸人だけど」みたいな。なんも教えてくれないんですよ（笑）。

坂本　いや、聞いたらダメなのかって話ですよね。

――いや、坂本さんもそうだと思いますけど、ボクらって芸人さんに対してめちゃくちゃリスペクトがあるじゃないですか。

坂本　そりゃそうですよ。俺なんかは関西出身なので、小さい頃から芸人さんを見て過ごしてきたんで。

――だから「俺はプロの芸人だぞ」って言われたらちょっとフリーズしてしまう自分もいるんですよね。いや、やっぱよくないですね。坂本さん、やっぱこれは録り直しだ（笑）。

坂本　あのさ、今日はそれが言いたかっただけってことではなく？（笑）。

――ちょっと坂本さんが違う話のテーマを出してください（笑）。

坂本　本当に録り直すのか（笑）。じゃあ、これはいまの三又さんの話とは関係ないけど、どんなプロでも、プロならプロとして求められてるものを出すべきだと思うんですよ。ただ「結果、そうなってしまった」っていうことはあるし、それはしょうがないよなとも思う。たとえば我々でも勝ちに徹するあまりにずっと抑え込んじゃって、試合としてはつまらなかったということはあるし、その気持ちもわかるんです。「そういうことだってあるよね」と。でも、そこで「俺はプロだからこれでいいんだ」という盾のほうを振りかざすことはない。

――それ、やっぱ三又さんのことですよね（笑）。

坂本　違う、違う。すべてのジャンルに言えることというか、やっぱりプロと言ったってピンからキリまであるじゃないですか。でも本人が本当にプロということにプライドを持ってやっていたらそれでいいなと思うんですよ。「俺にはこのやり方しかねえんだよ」みたいな。そこを貫き通すというのもある意味でプロフェッショナルであって、そこでの取り組みの姿勢が真剣だったら、かならずこっちも何かを感じ取れるじゃないですか。だんだん惹きこまれていくことだってあるし。だから格闘家のほとんどの人がUFCの世界チャンピオンになれないし、芸人さんでもM-1王者になれるのはほんの一握り。でも絶対にUFCやM-1の王者にならなきゃいけないっていうわけではないというか。でも「もっと強くなりたい」「もっと人を笑わせたい」っていう思いと姿勢は常に持っていないと「それは果たしてプロなのかな？」というのはありますよね。

――又三、ちゃんと読んでるか？

坂本　やめなさいよ、もう（笑）。いやでも、俺も三又さんのゼミを見学しに行きたいな。

――えっ、行きます？　あと3回やるみたいなんですよ。でも行ったら勝手に紹介されてマイクを持たされますよ。

坂本　えっ、なんで？

――時間稼ぎなんですかね（笑）。だからボクは「この人はボクの知り合いの中でいちばんコミュニケーション力が低いです」って言ったら、すぐに三又さんにマイクをぶん取られて「はい、井上さん、どうもありがとう～」って席に戻されました（笑）。

坂本　誰にとっても地獄だな、それは（笑）。いや、俺は普通に潜入してお話を聞きたいんですよね。なのに、そこで「おまえもなんか話せ」っていうのはたまったものじゃないですよ。

――いや、もうやらないです。

坂本　なんで？　禁止になったんですか？

――禁止になったというか、「自分の知り合いから反旗を翻されることもあるんだ」ということを三又さんは学んだというか（笑）。だから、じつは2回目のゼミは谷口さんも誘ったんですけど、本当に来たんですよ。

坂本　ああ、長州さんのマネージャーの谷口さん。

――やっぱり坂本さんと一緒で、「なんか逆に興味出てきたな。今度俺も行っていいですか？」ってことになって（笑）。

坂本　いや、マジでそうなるんですよ。いま、めっちゃ行きたいもん（笑）。で、さすがにそのときは谷口さんにはマイクを渡さなかった？

――渡しはしなかったです。ただ当日、谷口さんはちょっと遅刻してきて、ゼミの途中でうしろからそーっと教室に入ってきたんですね。そうしたらもうそれを目ざとく見つけた三又さんが「はいはい、いま来た方がなんとあの長州力さんのマネージャーさんです～。拍手～」って、ショッパイ名前泥棒だけはしていました（笑）。

坂本　そんなところ、怖くて絶対いけないですよ（笑）。

歯医者あるある。めっちゃわかる！

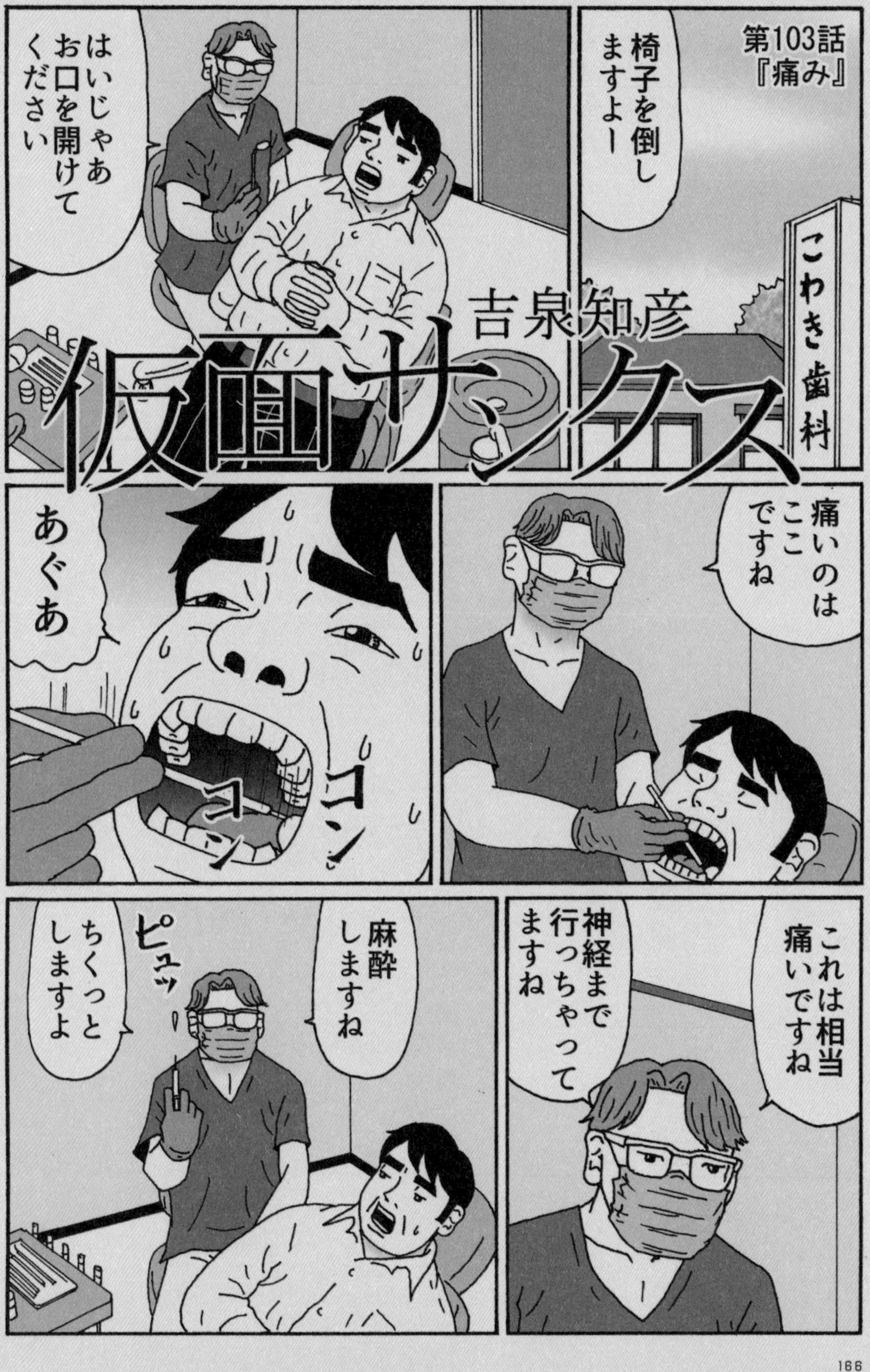

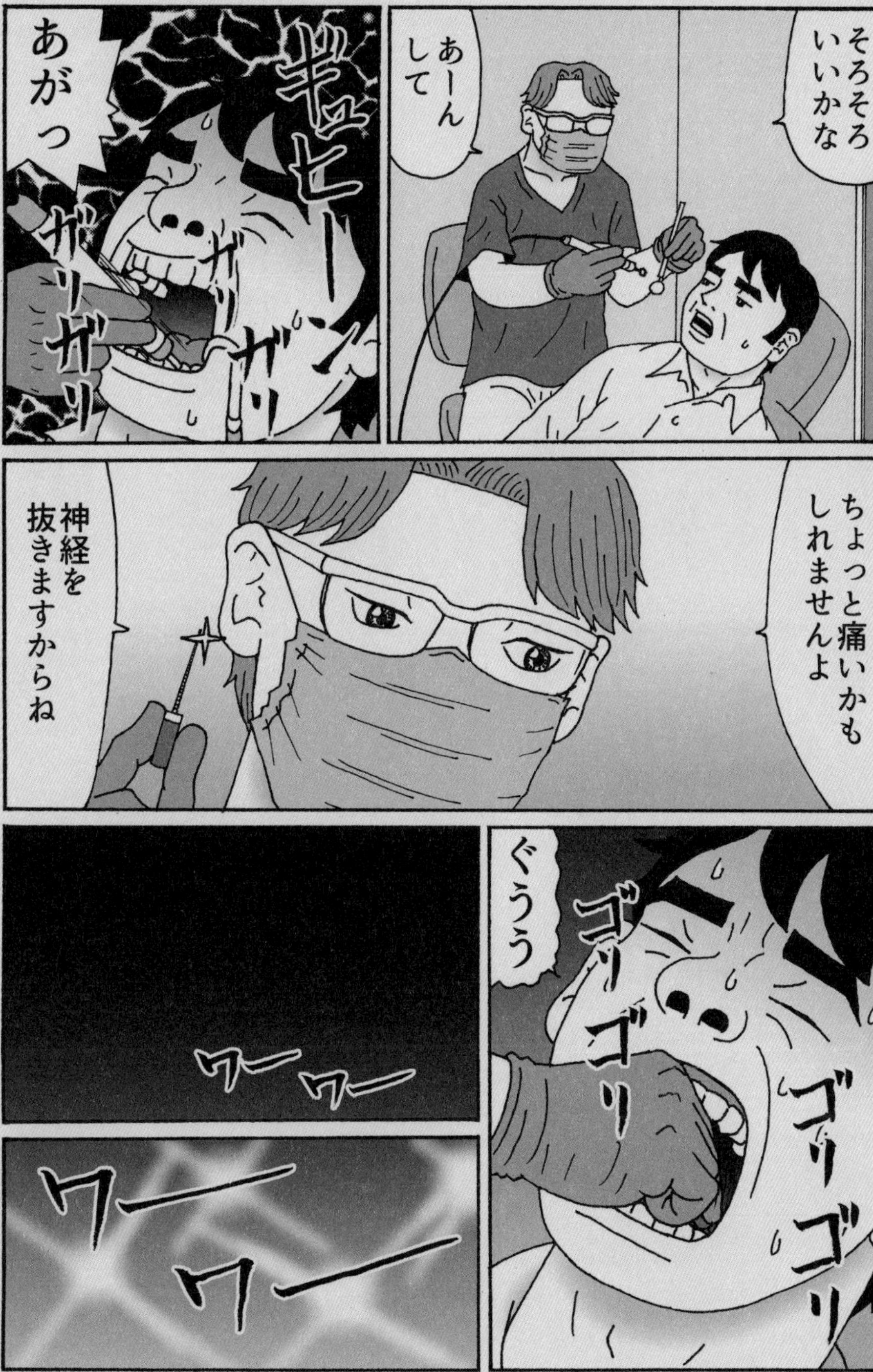
そろそろいいかな
あーんして
ギュヒーン
ガリガリ
ガリガリ
あがっ
ちょっと痛いかもしれませんよ
神経を抜きますからね
ぐうう
ゴリゴリ
ゴリゴリ
ワーワー
ワーワー

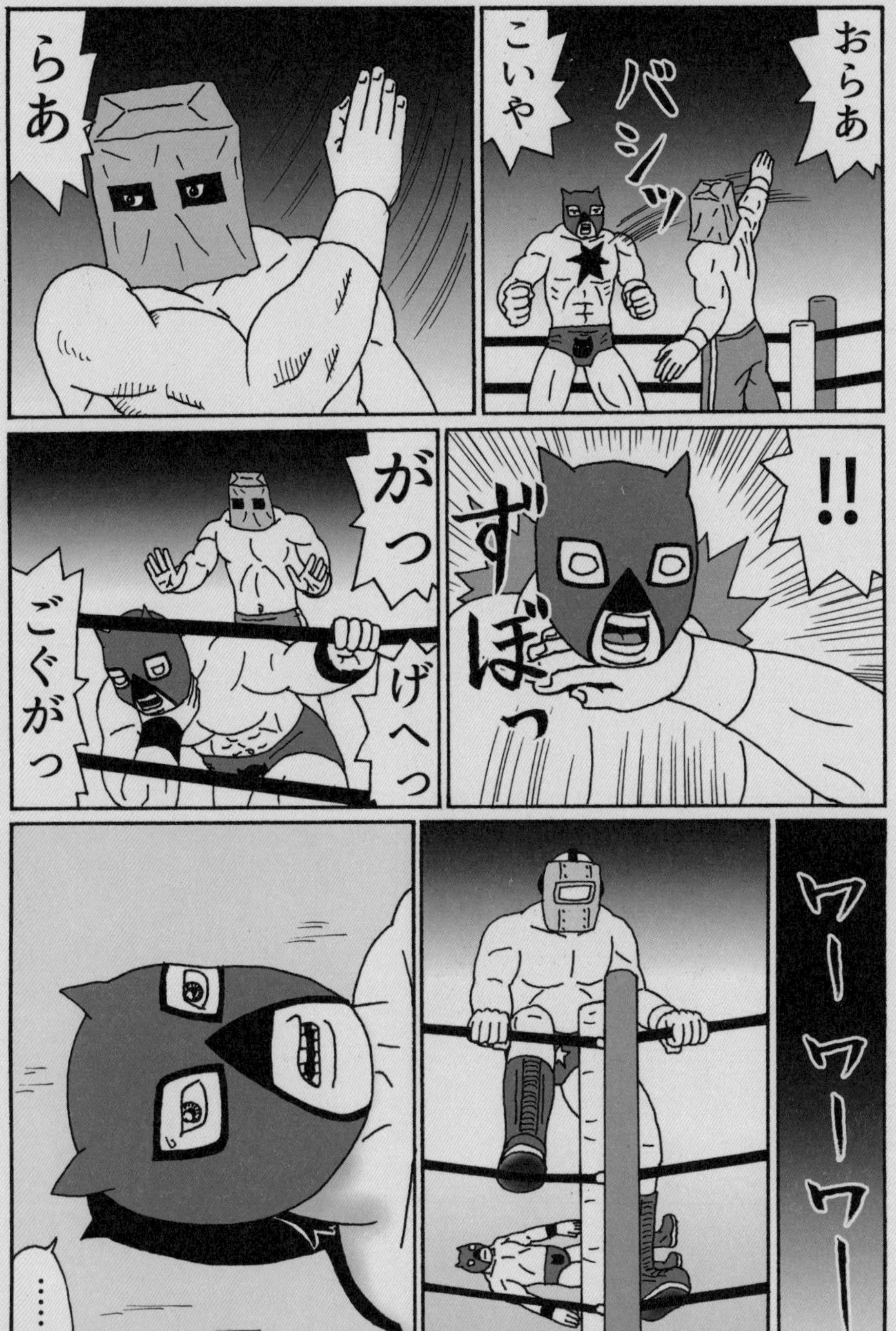
おらあ
バシッ
こいや
らあ
!!
ずぼっ
がっ
げへっ
ごぐがっ
ワーワーワー
……

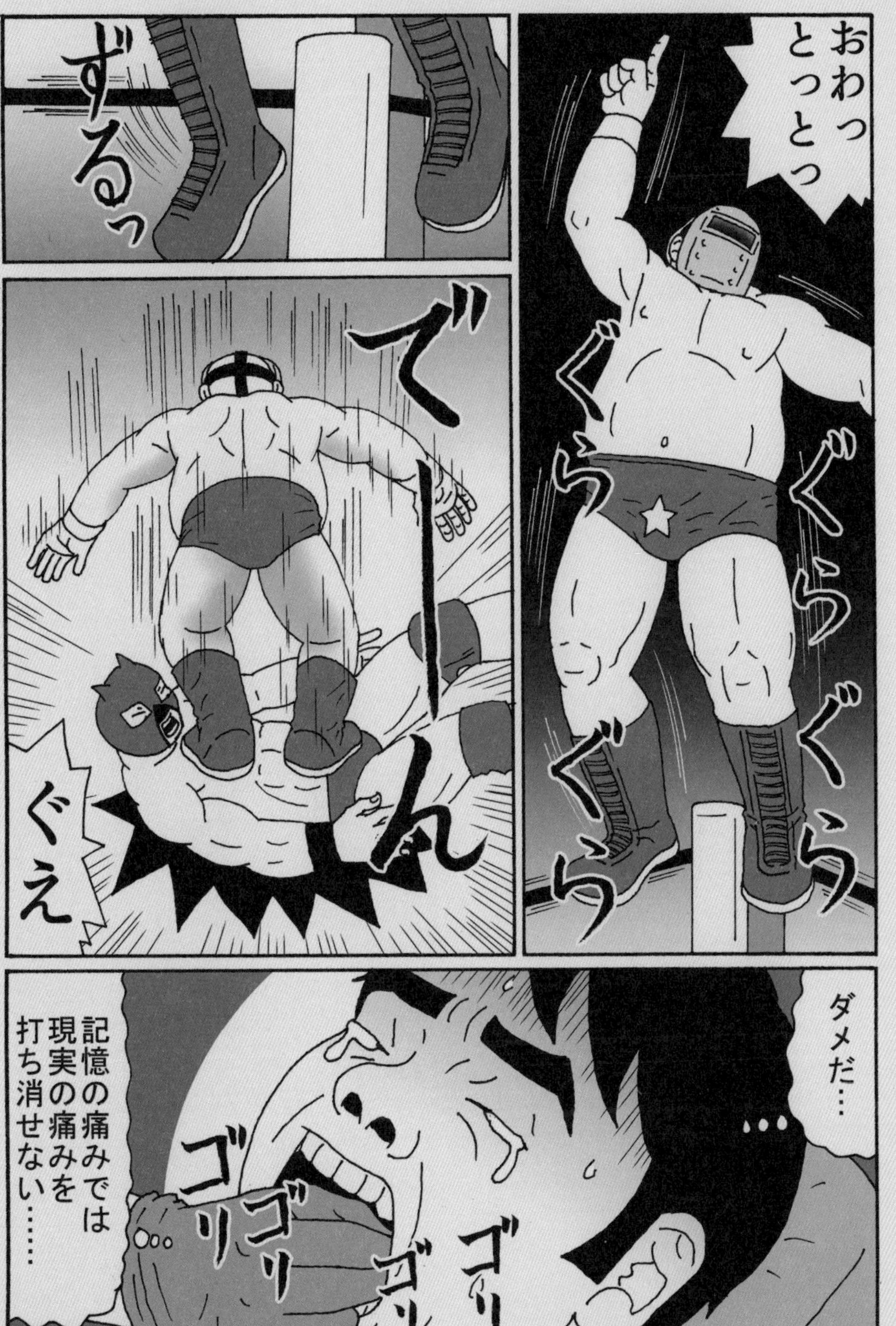
おわっ
とっとっ
ぐらぐらぐら
ぐらぐらぐら
ずるっ
でーーん
ぐえ
ダメだ…
…
記憶の痛みでは
現実の痛みを
打ち消せない……
ゴリ
ゴリ
ゴリ
…

KENICHI ITO

涙枯れるまで泣くほうがEマイナー

VOL.30

RIZINを観て思った。「大事なことはたいていめんどくさい」

伊藤健一

（いとう・けんいち）
1975年11月9日生まれ、東京都港区出身。格闘家、さらに企業家としての顔を持つため“闘うIT社長”と呼ばれている。ターザン山本！信奉者であり、UWF研究家でもある。

「大事なことってたいていめんどくさいんだよ」宮崎駿・談

私も40半ばを過ぎ、たとえば「取引先へのお礼のメール」など、めんどくさいけどやったほうがいい大事なことをやらなくなってきて、もっとちゃんとやらないと思っていた。そんな矢先、この宮崎駿の言葉をとても痛感したのが、4月29日、代々木第一体育館にて開催された『RIZIN LANDMARK 5 in YOYOGI』。特に牛久絢太郎vs朝倉未来、浅倉カンナvs V.V Meiの2試合。

〝朝倉未来、ひさしぶりのMMA〟でとても話題になっていた大会であり、私が愛する〝世界一かわいい〟カンナ選手と、レフェリー和田良覚さんのトレーニング、通称〝和田トレ〟仲間であるMei選手との試合は個人的にもかなり注目していた。

下からのサブミッションがほとんど極まらない現代MMAで、めんどくさくてしんどいが、いちばん大事なのは「相手の上を取ること」。私も寝技の練習なら1時間ぶっ続けでできるが、レスリングの練習だと3分でヘロヘロになる。それくらい抵抗してくる相手をテイクダウンするという行為は大変なのだ。

特にグランド状態でのヒザ蹴りやサッカーボールキックができるRIZINルールでは、圧倒的に上を取ることが有利になる。

腰が重くてなかなかテイクダウンされない未来選手とレスリングが強いカンナ選手相手に、牛久選手とMei選手がどうやって上を取りにいくのかが勝敗を分けるポイントになると思っていた。

まずはカンナvsMeiの一戦。今回はリングではなくケージでの試合になるので、カンナ選手はタックルから相手をケージに押しつけてバックを取る、いわゆる〝ケージレスリング〟をしてきたのだが、Mei選手が思ったよりも対応できておらず、カンナ選手は簡単にテイクダウンとバックを奪っていた。

そしてレスラーであるカンナ選手に倒されるのは仕方がないにしても、ケージなどを利用して立ち上がる動きもMei選手か

らはあまり見られなかった。

Mei選手が長年闘ってきた『ONE Championship』では、テイクダウンが判定であまり評価されないため、倒された選手が立ち上がる動きをすることはなく、そのまま下から打撃などで攻撃することが多い。だから私も観ていて勉強になる部分が少ない。そこでずっと闘ってきたMei選手は単純に知識不足に見えた。

結局、カンナ選手が完勝（判定勝ち）。カンナ選手が下になったとき、どうやって対応するのか観たかったな。

次は牛久vs未来の一戦。

いろいろ言われてしまう未来選手であるが、喧嘩度胸があり「本番に強い」タイプなので、ブランクも関係なく序盤からガンガン打撃で圧力をかけてきた。そこで牛久選手はケージに押さえつけてからテイクダウンを狙うのかなと思っていたが、なんと、引き込んで下になってしまった。

試合後、牛久選手は「下からの三角絞めを狙っていた」と語っていたが、MMAで下から三角絞めで極められるのは、ホベルト・サトシ・ソウザ選手やクレベル・コイケ選手くらいの使い手じゃないと無理（そのふたりでさえ、北米のトップ選手を極めるのはほぼ不可能だと思う）。

結局、最後まで牛久選手は引き込みを繰り返して、打撃でプレッシャーをかけ続けた未来選手の判定勝ち。

牛久選手ほどの体力と気力があれば、しんどくてもテイクダウンをアタックしまくって未来選手の体力を削ったほうが絶対に勝つ確率が高かったと思う。楽しみにしていた一戦だっただけに、とても残念な試合だった。

一方でネタキャラ化して、もはや練習も全然していないと思われていた山本アーセン選手が、倒しても倒しても立ってくる相手をがんばって何度も倒して、4年ぶりの勝利をおさめた姿には感動してしまった。

「大事なことってたいていめんどくさい」ってことを、アーセン選手から学ぶとは夢にも思わなかったな。

そして愛するカンナ選手が、試合後のマイクアピールで祖母の誕生日をお祝いしていたが、先日、亡くなった私の祖父の形見であるロレックスを売って大金を得たので、カンナ選手にお会いしたら、がっつりおこづかいを渡したいと思う。

マッスル坂井と真夜中のテレフォンで。

5/11

MUSCLE SAHAI DEEPNIGHT TELEPHONE

「ちょうど新型コロナが2類から5類に移行したとはいえ、依然として病床不足とかで大変だって言われているなかでの急性アルコール中毒。本当に申し訳ないです……。でも俺が病院で目をさました瞬間、看護師さんたちが爆笑していたのがよくわからなかったんですけど（笑）」

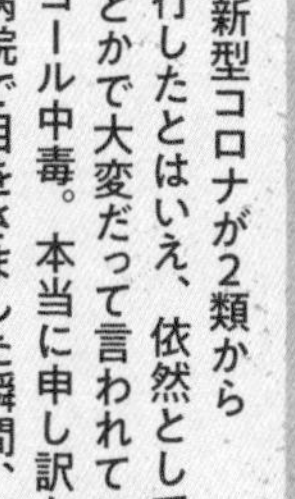

「俺はその言葉を1週間早く聞けていたら、急性アルコール中毒で病院に運ばれていなかったですよ!!」

——マッスル坂井こと、スーパー・ササダンゴ・マシンこと、坂井良宏さんは、いまおいくつですか？

坂井　45です。

——え——っ！　もう45!?（笑）。

坂井　45ですよ。もう終わりというか、もう余生ですよ（笑）。

——でもね、45歳の坂井さんってやっぱちょっとカッコいいなあと思うんですよね。

坂井　アッハッハッハ！　なになになに？（笑）。

——だってプロレスラーであり、タレントであり。

坂井　新潟のローカルタレントね。

——そして坂井精機株式会社の代表取締役であり、あとは純烈のコンサートの台本なども作っていらっしゃる作家さんでもあり。マジで日々めちゃくちゃ忙しくされているでしょ？　でも朝になると毎日ちゃんと坂井精機に出社して。

坂井　あのぅ、会社ではまったくの役立たずなんですけどね。

——まあ、それはさておき。いや、坂井良宏はカッコよくない？

坂井　カッコよくない。普段はめんどくさいから否定はしないし、「いやぁ、そうなんですよ」って受け入れますけど、実際はもうしんどくて嫌ですね（笑）。

——嫌だ？

坂井　嫌というか、俺が坂井精機の社長に

構成：井上崇宏

なったのが3年前のコロナになってからで、その間にも新潟でテレビやらラジオの番組の仕事が増えたりとかして、それをそのまま継続して、なんとなく日々普通にスケジュールが埋まっていくことにゾッとしてる。

――まあ、もちろん裏ではフガフガしてるっていうのはわかるんですよ。

坂井　あっでも、本当はしてないんですよ。

――どっちなの？（笑）。

坂井　アッハッハッハ！　いや、裏では「もう嫌だ！」ってなっています。だからちゃんと休みも取らないと心が蝕まれていくなとは思っていますよ。

――ただ、1個仕事を片づけるたびに凄く充実している感じがあるじゃないですか。

坂井　いや、それは本当はね、充実していますね。

――そうして気持ちよく余韻に浸っているかと思えば、またすぐさま次の宿題を片づけに向かい。いや、カッコいいでしょ、これ。

坂井　それはなんか……まあ、カッコいいか。たしかにカッコいいですよね。

――カッコいい大人の男ですよ。

坂井　わかります、わかります。超わかる（笑）。

――それで最近思ったんですけど、どんなに親しい関係であっても、やっぱりちゃんと褒めていかなきゃなと思って。

坂井　えーっ!?

――ちゃんと褒めなきゃなって言ったらおこがましいんですけど、「あなたは凄い」「カッコいいですよ」っていうのはやっぱり口に出して言わなきゃダメだよと思って。

坂井　本当に褒められないですからね。当たり前だと思われてる。

――坂井さん、カッコいいよ（照）。

坂井　やったあ！　俺はその言葉を1週間早く聞けていたら、飲みすぎて急性アルコール中毒で病院に運ばれていなかったですよ!!

――えっ、急アルで運ばれたの？

坂井　運ばれた！

――くそカッコ悪ぃ……（笑）。えっ、新潟で？

坂井　そう。表では誰にも言ってなかったんですけど。それは恥ずかしさと同時に私の不徳の致すところで救急隊員や病院のみなさまにご迷惑をおかけしてしまったという面で、うかつにリアルタイムで笑い話にできるものではないなって判断していました。ちょうど新型コロナが2類から5類に移行したとはいえ、依然として病床不足とかで大変だって言われているなかでの急性アルコール中毒。本当に申し訳ないです。でも俺が病院で目をさました瞬間、看護師さんたちが爆笑してましたからね。あれはよくわからなかったんですけど（笑）。

――「あっ、生きてた」って（笑）。

坂井　「あっ、起きた！　起きた！」って（笑）。

――えっ、なんでそんなに飲んじゃったの？

坂井　わかんないんですよ。新潟出身のDJニラっていうレスラーがいて、ニラさんが新潟に帰ってきていたからふたりで渋めの焼き鳥屋で飲んでたんですよ。そこが新潟でもっとも焼酎が濃いって言われているレモンサワーを出す店だったんですけど、プロレスラー仲間って新潟の人と飲んでるときよりもリラックスしてまったく緊張しないんですよ。

――へえー。しかもニラさんはレスラー兼同郷だし。

坂井　そうそう。だからまったく気を張る必要がないから凄くホーム感にあふれていて、それでうっかり飲みすぎちゃって、3軒目の蕎麦屋あたりで俺が寝ちゃってまったく起きなくなったんですね。そこで救急車を呼ばれたんですよ。

――それは酔い潰れたってことだよね。でも寝ちゃっただけじゃ救急車は呼ばれないでしょ？

坂井　でもタクシーを呼んでもらっても、俺はまったく起きあがれないんですよ。

――「起きあがれないんですよ」ってシラフで言われても（笑）。そのとき、意識はあるの？

坂井　「なんか名前を呼ばれてるな……」くらいですね。そう思っても起きあがれないし。そうしたら店にいたお客さんたちが「あーあ、ササダンゴ・マシン」って気づいてくれて「ササダンゴ・マシンだってこういう日もあるよ」ってみんなから励まされながら、頭にビニール袋をかぶせられてずっと吐かされてるんですよ。

――寝ゲロだ。

坂井　そう。で、そこから「よし、今日ぐらいはササダンゴさんを俺たちで介抱しよう！」みたいな感じでお店がひとつになっていたらしいんですよ。俺は記憶にないんだけど（笑）。

――わかる！　謎の一体感ね。みんな酔っ払ってるから（笑）。

坂井　それでみんなからやさしく「大丈夫？　大丈夫？」って聞かれるたびに「まったく大丈夫じゃない」ってずっと答えてたんですって。「全然ダメです」「私、起きあがれません」「タクシーに乗れません」って、聞かれたどんな質問にもすべて正直に答えていたらしいんですよ（笑）。そうしたら「じゃあ、救急車を呼びますか？」って聞かれて、「呼んでください」と。それで救急隊員に上手に担架に乗せていただいたことはなんとなく断片的に憶えていて、小さいお蕎麦屋さんだから導線を確保するために救急隊員の人たちが入れ代わり立ち代わりで来るわけじゃないですか。そこで救急隊員の人たちが来るたびに「あっ、坂井さんだ」って言って、笑いながら介抱してくれるっていう。

――街の名士だ。

坂井　あんなの生まれて初めての体験ですよ。

「5000円とか1万円じゃなく1000円でもない。マジで2000円というのはちょうどいい屈辱的な値段ですよ」

――でも急性アルコール中毒なんてね、そもそも大学の新歓コンパとかでなるものでしょ。

坂井　そうですよね。

――上京してきて、ワケもわからないまま何の活動をしてるんだかよくわかっていないサークルに入れられて、おろしたてのダッフルコートを着たまま救急車で運ばれるのが急性アルコール中毒じゃん（笑）。

坂井　新宿歌舞伎町の居酒屋でみんななっていましたよね。

――いや、坂井さん、思い出した。もう坂井さんがカッコいいというのは伝えきったと思うので話を変えていいかなと思うんですけど、この間、伊藤健一と高円寺に夜メシを食いに行ったんですよ。

坂井　はいはい、『KAMINOGE』でもコラムを執筆しているイトケンさんね。

――その店は行きつけの知り合いのとこなんだけど、そこにイトケンと向かっている途中に「あっ、大井も呼ぶか」となって「いまから俺たち高円寺に行くけど」って連絡したら、「あ、ちょっと遅れるけど俺も行きまーす」っていうことで、先にイトケンとふたりで店に入ってメシを食ってたんですよ。そうしたら最初からその店にいた客のひとりが酔っ払ってて、「あー、これから大井先生も来るんスかー？」みたいな感じでヘラヘラしてるのよ。「なんだ、コイツは？」と思ってちょっとシカトしてたんだけど、ずっと並びのカウンターでひとりでヘラヘラしてて。まあまあ、そこまで悪い酔い方ではなかったんだけど。

坂井　これだけはハッキリさせておきたいんですけど、その人は耳とかわいてるんですか？

――わいてなかった。

坂井　なるほど。続けてください。

――とにかくずっとひとりでヘラヘラ、クネクネしてるから、ほかの客もチラ見しながらクスクスみたいな感じだったのね。そうしたら大井が店に来て、その酔っぱらいが「あー、大井先生～！」みたいな。で、大井も「あっ、どうも」って言って、その酔っ払いの隣の席して空いてないからそこに座ったら、もうそこからそいつは大井にべったりし始めて。

坂井　そのふたりは知り合いなの？

――わかんないの。「大井のことを先生って呼んでるけど、顔見知りなのかな？　でも大井は普通にウザそうにしてるよな」みたいな。そうしたら、もうそいつはそこから30分くらい不気味な笑みをたたえながら大井の身体を触り始めて、しょうもない質問を浴びせまくってて最高にうざくなってて。最初は大井も優しいから軽く受け答えしてたんだけど、大井来店から30分ほど経ったところで、あの大井がついにブチ切れて（笑）。夜中0時くらいに。

坂井　えーっ!?　怖い！　怖い！　30分も溜めたのが怖っ！

――それで「いやさ、あのさ、俺はさ、今日朝からずっと働いていて、ひさしぶりの仲間と会えてさ、こんな時間にようやくメシにありついてんだよ。おまえさ、２０００円やるからもう帰れ!!」って怒鳴りつけて（笑）。

坂井　アッハッハッハ！

――凄くない？（笑）。「２０００円やるから帰れ」って本当に言われたくねえと思って。

坂井　ちょうどいい値段！（笑）。

――そうそう。で、その酔っぱらいはもうお会計を済ませてたんだけど、ちょっと立ちあがれなくてそのまま店に居座ってヘラヘラしていた状態だったのね。

坂井　２０００円、おもしろっ！（笑）。

――それで、その大井の一喝をちょっと遠めで見ていたひとりの女性の客が、ちっちゃく拍手したんだよね。

坂井　あー、音を立てない拍手ね。「お見事」っていうね。

――そうそう。だからそれくらいみんなうざいと思ってたんだなーみたいな。で、そいつはそこからヘラヘラすることはなかったんだけど立ちあがれず、２０００円を受け取ることなく10分後くらいに静かに立って店をあとにしたんですね。それであとで大井に「さっきの知り合いなの？」って聞いたら、「いや、軽く知ってるんですよ。たしかアイツも放送作家なんだよな」みたいな。

坂井　えっ！

――俺も「えっ！」となって。いやいや、同業者に対して「おまえは暇かもしれんが、俺はめっちゃ忙しい」ってことを伝え、挙句「２０００円やるから帰れ！」と言ったのかと。

坂井　殺傷能力があるね。

――だってテレビ業界的には２０００円ってエキストラにあげるカネでしょ（笑）。

坂井　いやあ、人が人にあげるお金で２０００円ってなかなかないですよ（笑）。５０００円とか1万円じゃなく、１０００円じゃちょっと少ない気がするけど、マジで２０００円というのはちょうどいい、屈辱的な値段ですよね。やっぱ大井さんがいちばんカッコいいですね。カッコよさがちょうどいい。

KAMINOGE №138

次号 KAMINOGE139 は 2023 年 7 月 5 日（水）発売予定！

タイガー服部さんの生き方も素敵だが、やっぱりターザンの生き様も見逃せない。（本当に女性にモテているのか、マジで真実が知りたい）

2023 年 6 月 18 日
初版第 1 刷発行

発行人
後尾和男

制作
玄文社

編集
有限会社ペールワンズ
（『KAMINOGE』編集部）
〒 154-0011
東京都世田谷区上馬 1-33-3
KAMIUMA PLACE 106

WRITE AND WRITE
井上崇宏
堀江ガンツ

編集協力
佐藤篤
小松伸太郎
村上陽子

デザイン
高梨仁史

表紙デザイン
井口弘史

カメラマン
タイコウクニヨシ
橋詰大地

編者
KAMINOGE 編集部

発行所
玄文社
［本社］
〒 107-0052
東京都港区高輪 4-8-11-306
［事業所］
東京都新宿区水道町 2-15
新灯ビル
TEL:03-5206-4010
FAX:03-5206-4011

印刷・製本
新灯印刷株式会社

本文用紙：
OK アドニスラフ　W A/T 46.5kg